KB270709

신HSK

회화 초급 공략 실전 모의고사

张宁志·陈郁·李明 지음
백형술·우치갑·오금순 번역

송산출판사

대표저자 **张宁志**

현 北京语言大学 교수
世界汉语教学学会会员, 中国对外汉语教学研究会会员
1995—1998년 삼성인력개발원 중국어 주임교수
저서
교재: 《中级汉语会话》, 《新汉语口语教程》
사전: 《学汉语词典》
논문: 《口语教材的语域风格问题》1985年
　　　《浅谈汉语教材难度的确定》1991年
　　　《汉语教师教学归因初探》2006年
　　　《汉语教材语料难度的定量分析》2000年
　　　《几个与纠正病句有关的问题》1986年
　　　《汉民族思维及语言的特点与汉语短期强化教学》2000年
　　　《将揭示语引入对外汉语教学的设想》1992年
　　　《鲁迅小说中的颜色词》1986年
　　　《中国文化的源流》1993年

 신HSK 회화 초급 공략 실전 모의고사 

저　　　자	张宁志·陈郁·李明 지음 / 백형술·우치갑·오금순 번역
발 행 인	윤우상
책임편집	최준명, 윤병호
인 쇄 일	2010년 8월 20일
발 행 일	2010년 8월 31일
발 행 처	송산출판사
주　　　소	서울특별시 서대문구 홍제4동 104-6
전　　　화	(02)735-6189
팩　　　스	(02)737-2260
홈페이지	www.songsanpub.co.kr
E-mail	songsan1@korea.com
등 록 일	1976년 2월 2일 제9-40호

ISBN 978-89-7780-155-4 13720

목 차

신HSK 소개   6
신HSK 회화 소개   11
신HSK 회화 초급 소개   13
신HSK 회화 초급 요구사항과 과정   16

신HSK 회화 초급 공략 유형연습하기   21
회화 시험에 대처하는 우리의 자세   22

제1부분 듣고 반복하기 연습
                    warm up!   25
1. 듣고 반복하기 연습   26
2. 교체연습   32

제2부분 듣고 답하기 기초다지기   39
중국어 질문 이해하기   40
듣고 답하기   42

실전 모의고사
제1회 모의고사   63
제2회 모의고사   65
제3회 모의고사   67
제4회 모의고사   69
제5회 모의고사   71
제6회 모의고사   73

정답 및 해설
HSK 회화 초급 공략 실전모의고사 1회   75
HSK 회화 초급 공략 실전모의고사 2회   83
HSK 회화 초급 공략 실전모의고사 3회   91
HSK 회화 초급 공략 실전모의고사 4회   99
HSK 회화 초급 공략 실전모의고사 5회   107
HSK 회화 초급 공략 실전모의고사 6회   115

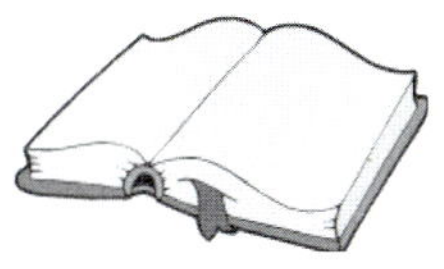

　　新汉语水平考试（HSK）是国家汉办组织中外汉语教学、语言学、心理学和教育测量学等领域的专家，在充分调查、了解海外实际汉语教学情况的基础上，借鉴近年来国际语言测试研究的最新成果，以《国家汉语能力标准》为依据，推出的一项国际汉语能力标准化考试。从2010年起在海外汉语水平的测试均采用由国家汉办主办的新汉语水平考试。

　　新汉语水平考试相比于旧HSK，有很大变化。新HSK分笔试和口试两部分，笔试和口试是相互独立的。笔试包括HSK（一级）、HSK（二级）、HSK（三级）、HSK（四级）、HSK（五级）和HSK（六级）；口试包括HSK（初级）、HSK（中级）和HSK（高级），口试采用录音形式。

　　对于广大考生而言，2010年实施的新 HSK考试无疑是个陌生的领域，尤其是口语考试采用录音形式，考生无法真正地和考官交流，因此考试前的准备工作显得非常重要，那么，怎样才能提高口语考试成绩呢？

1.　熟悉 HSK口语试题的特点、规律以及评分标准。

2.　有针对性的进行问答练习。

3.　要注意发音和声调。

4.　对着录音机进行自我测试。

　　为了帮助考生真正理解和掌握 HSK口语考试形式，并在考试中取得良好的成绩，我们北京语言大学的几位教授，根据多年来积累的教学经验，研究和设计出了一套完整的口语训练方法，并根据《新汉语水平考试大纲 HSK口试》，准备了六套全真模拟试题。因此只要根据此书进行认真准备的话，考生不仅可以在短时间内提高自己的应试能力，而且还能使考生在进入考场时充满自信，从而为取得良好成绩打下坚实的基础。

　　最后希望此书对参加新汉语水平考试的朋友们有所帮助。

作者
2010年8月8日于北京

머리말

　신한어수평고시(HSK)는 국가한반이 중국과 외국의 중국어 교육, 언어학, 심리학과 교육 측정학 등 영역의 전문가를 조직, 해외의 실제 중국어 교육 상황을 충분히 조사하고 이해한 기초를 바탕으로 최근 국제 언어 테스트 연구의 최신 성과를 참고하여, 〈국가한어능력표준〉을 근거로 출시한 국제한어능력표준화 시험이다. 2010년부터 해외에서 한어수평 측정은 모두 국가한반이 주관하는 신한어수평고시로 치뤄진다.

　신한어수평고시는 구 HSK에 비해 많은 변화가 있다. 신 HSK는 필기시험과 구술시험으로 나누어져 있으며, 필기시험과 구술시험은 서로 독립되어 있다. 필기시험은 HSK(1급), HSK(2급), HSK(3급), HSK(4급), HSK(5급), HSK(6급)이 포함된다. 그리고 구술시험은 HSK(초급), HSK(중급), HSK(고급)이 포함되며 녹음 형식을 채택한다.

　수험생들에게 있어서 2010년부터 실시된 신HSK시험은 두 말 할 것 없이 아주 생소한 영역일 것이다. 특히 회화시험은 녹음 형식을 채택하고 있기 때문에 수험생은 진정으로 시험관과 대화를 할 수 없다. 따라서 시험 전의 준비가 특히 중요하다. 그럼 어떻게 하면 회화시험 성적을 올릴 수 있을까?

　1. HSK 회화시험 문제의 특징, 패턴과 시험평가 기준을 숙지해야 한다.
　2. 시험을 대비하여 문답연습을 한다.
　3. 발음과 성조에 신경을 써야 한다.
　4. 녹음을 하면서 스스로 테스트해본다.

　수험생들이 HSK 회화시험 형식을 진정으로 이해하고, 시험에서 좋은 성적을 얻을 수 있도록, 저희 北京语言大学 교수진은 오랜 시간의 경험을 바탕으로 하여, 완벽한 회화시험 훈련 방법을 연구 개발하였으며, 《新汉语水平考试大纲 HSK 口试》에 근거하여 6회분의 모의고사를 준비해놓았다. 따라서 수험생들은 이 책을 가지고 열심히 준비하면, 짧은 시간 내에 시험에 대비하는 능력을 향상시킬 수 있을 뿐만 아니라, 수험생들이 시험장에 들어갈 때 자신감을 키워줌으로써, 좋은 성적을 얻기 위한 튼튼한 기초를 닦을 수 있다.

　마지막으로 이 책이 한어수평고시에 응시하는 여러분께 도움이 되길 바란다.

저자
2010년 8월 8일 베이징에서

新汉语水平考试（HSK）介绍

为使汉语水平考试（HSK）更好地服务于汉语学习者，中国国家汉办组织中外汉语教学、语言学、心理学和教育测量学等领域的专家，在充分调查、了解海外汉语教学实际情况的基础上，吸收原有HSK的优点，借鉴近年来国际语言测试研究最新成果，推出新汉语水平考试（HSK）。

一、考试结构

新HSK是一项国际汉语能力标准化考试，重点考查汉语非第一语言的考生在生活、学习和工作中运用汉语进行交际的能力。新HSK分笔试和口试两部分，笔试和口试是相互独立的。笔试包括HSK（一级）、HSK（二级）、HSK（三级）、HSK（四级）、HSK（五级）和HSK（六级）；口试包括HSK（初级）、HSK（中级）和HSK（高级），口试采用录音形式。

笔试	口试
HSK（六级）	HSK（高级）
HSK（五级）	
HSK（四级）	HSK（中级）
HSK（三级）	
HSK（二级）	HSK（初级）
HSK（一级）	

二、考试等级

新HSK各等级与《国际汉语能力标准》《欧洲语言共同参考框架（CEF）》的对应关系如下表所示：

新HSK	词汇量	国际汉语能力标准	欧洲语言框架（CEF）
HSK（六级）	5000及以上	五级	C2
HSK（五级）	2500		C1
HSK（四级）	1200	四级	B2
HSK（三级）	600	三级	B1
HSK（二级）	300	二级	A2
HSK（一级）	150	一级	A1

通过HSK（一级）的考生可以理解并使用一些非常简单的汉语词语和句子，满足具体的交际需求，具备进一步学习汉语的能力。

通过HSK（二级）的考生可以用汉语就熟悉的日常话题进行简单而直接的交流，达到初级汉语优等水平。

通过HSK（三级）的考生可以用汉语完成生活、学习、工作等方面的基本交际任务，在中国旅游时，可应对遇到的大部分交际任务。

通过HSK（四级）的考生可以用汉语就较广泛领域的话题进行谈论，比较流利地与汉语为母语者进行交流。

通过HSK（五级）的考生可以阅读汉语报刊杂志，欣赏汉语影视节目，用汉语进行较为完整的演讲。

通过HSK（六级）的考生可以轻松地理解听到或读到的汉语信息，以口头或书面的形式用汉语流利地表达自己的见解。

三、考试原则

新HSK遵循"考教结合"的原则，考试设计与目前国际汉语教学现状、使用教材紧密结合，目的是"以考促教""以考促学"。

新HSK关注评价的客观、准确，更重视发展考生汉语应用能力。

新HSK制定明确的考试目标，便于考生有计划、有成效地提高汉语应用能力。

四、考试用途

新HSK延续原有HSK汉语能力考试的定位，面向成人汉语学习者。其成绩可以满足多元需求：

1．为院校招生、分班授课、课程免修、学分授予提供参考依据。

2．为用人机构录用、培训、晋升工作人员提供参考依据。

3．为汉语学习者了解、提高自己的汉语应用能力提供参考依据。

4．为相关汉语教学单位、培训机构评价教学或培训成效提供参考依据。

五、成绩报告

考试结束后3周内，考生将获得由国家汉办颁发的新HSK成绩报告。

신 한어수평고사(HSK) 소개

　한어수평고사(HSK)가 중국어 학습자에게 더 좋은 서비스를 제공하기 위하여 중국 국가한반은 중외 중국어 교육, 언어학, 심리학과 교육 측정학 등 영역의 전문가를 조직하여, 해외의 실제 중국어 교육 상황을 충분히 조사하고 이해한 기초를 바탕으로, 기존 HSK의 장점을 살리고 최근 국제 언어 테스트 연구의 최신 성과를 참고하여 신 한어수평고사 (HSK)를 실시하게 되었다.

1. 시험 구조

　신 HSK는 국제 중국어 능력 표준화 수준 시험으로 중국어가 모국어가 아닌 수험생의 생활, 학습과 업무에 중국어를 이용하여 소통하는 능력을 중점 측정한다. 신 HSK는 필기시험과 구술시험으로 나누어져 있으며, 필기시험과 구술시험은 서로 독립되어 있다. 필기시험은 HSK(1급), HSK(2급), HSK(3급), HSK(4급), HSK(5급), HSK(6급)으로 나누어져 있다. 구술시험은 HSK(초급), HSK(중급), HSK(고급)으로 나누어져 있으며, 녹음 형식을 채택한다.

필기시험	구술시험
HSK (6급)	HSK (고급)
HSK (5급)	
HSK (4급)	HSK (중급)
HSK (3급)	
HSK (2급)	HSK (초급)
HSK (1급)	

2. 시험 등급

　신 HSK 각 등급과《국제 중국어 능력 표준》,《유럽언어 공동 참고 프레임 (CEF)》의 대응 관계는 아래 표와 같다:

신 HSK	어휘량	국제 중국어 능력 표준	유럽언어 프레임 (CEF)
HSK (6급)	5,000 및 이상	5급	C2
HSK (5급)	2,500		C1
HSK (4급)	1,200	4급	B2
HSK (3급)	600	3급	B1
HSK (2급)	300	2급	A2
HSK (1급)	150	1급	A1

HSK(1급)를 통과한 수험생은 매우 간단한 중국어 단어와 문장을 이해하고 사용할 수 있으며, 구체적인 소통을 할 수 있으므로 진일보한 중국어 학습 능력을 갖추었다.

HSK(2급)를 통과한 수험생은 익숙한 일상 화제에 대해 중국어로 간단하고 직접적인 교류를 할 수 있으며, 초급 중국어 우수 수준에 도달하였다.

HSK(3급)를 통과한 수험생은 중국어로 생활, 학습, 업무 등 방면의 기본 교제 임무를 완성할 수 있으며, 중국에서 여행 시 만나는 대부분의 교제 임무를 대처할 수 있다.

HSK(4급)를 통과한 수험생은 비교적 광범위한 영역의 화제에 대해 중국어로 토론을 진행할 수 있으며, 중국어를 모국어로 하는 사람과 비교적 유창하게 교류를 할 수 있다.

HSK(5급)를 통과한 수험생은 중국어 정기 간행물과 잡지를 읽고 중국어 영화와 TV 프로그램을 감상할 수 있으며, 중국어로 비교적 완전한 연설을 할 수 있다.

HSK(6급)를 통과한 수험생은 중국어 정보를 수월하게 알아듣거나 읽을 수 있으며, 구두 또는 서면 형식으로 유창한 중국어를 이용하여 자신의 견해를 표현할 수 있다.

3. 시험 등급

신 HSK는 "시험과 교육의 결합"의 원칙을 따르고, 시험 설계는 현재 국제 중국어 교육 현황, 교재사용과 긴밀하게 결합하며, 목적은 "시험으로 교육을 촉진하며", "시험으로 학습을 촉진한다"이다.

신 HSK는 평가의 객관성, 정확성을 중시하며 수험생의 중국어 응용 능력의 발전을 더욱 중요시한다.

신 HSK는 명확한 시험 목표를 제정하여, 수험생이 계획적이고 효과적으로 중국어 응용 능력을 향상시키기에 편하도록 한다.

4. 시험 용도

신 HSK는 기존의 HSK 중국어 능력 시험의 객관적인 평가의 연속으로 성인 중국어 학습자를 대상으로 한다. 신 HSK의 성적은 다양한 수요를 만족시킬 수 있다:
(1) 대학의 학생모집, 분반수업, 과정면제, 학점수여 등을 위해 참고 근거를 제공한다.
(2) 인재모집 기관의 채용, 양성, 직원의 진급 등에 참고 근거를 제공한다.
(3) 중국어 학습자가 자신의 중국어 응용 능력을 이해하고 향상시키는데 참고 근거를 제공한다.
(4) 관련 중국어 교육 부서, 양성 기관의 교육 평가 또는 양성 효과 등에 참고 근거를 제공한다.

5. 성적 보고

시험 종료 후 3주내에 수험생은 국가 한반이 수여한 신 HSK 성적 보고를 획득한다.

HSK 口试介绍

    HSK口试考查考生的汉语口头表达能力，分HSK(初级)、HSK(中级)、HSK(高级) 三个等级。

    HSK口试各等级与《国际汉语能力标准》《欧洲语言共同参考框架 (CEF)》的对应关系如下表所示：

HSK 口试	词汇量	国际汉语 能力标准	欧洲语言 框架 (CEF)
HSK(高级)	约 3000	五级	C2
			C1
HSK(中级)	约 900	四级	B2
		三级	B1
HSK(初级)	约 200	二级	A2
		一级	A1

    通过 HSK 口试(初级) 的考生可以听懂并用汉语口头表达较为熟悉的日常话题，满足基本交际需求。

    通过 HSK 口试(中级) 的考生可以听懂并用汉语较为流利地与汉语为母语者进行口头交流。

    通过 HSK 口试(高级) 的考生可以听懂并用汉语流利地口头表达自己的见解。

    HSK 口试各等级试题数量、考试时间见下表：

HSK 口试	试题数量 （个）	考试时间 （分钟）
HSK(初级)	27	约 17
HSK(中级)	14	约 21
HSK(高级)	6	约 24

    HSK 口试采用录音形式，采取"听说结合""读说结合"的模式来考查考生的汉语口头表达能力。考生可根据实际水平，自由选择报考。

HSK 회화 시험 소개

    HSK 회화시험은 응시자의 중국어회화표현능력을 측정하는 시험으로, 「HSK 초급회화」, 「HSK 중급회화」, 「HSK 고급회화」 세 가지 등급으로 나뉜다.

    HSK 회화시험의 각 등급과 〈국제중국어능력기준〉, 〈유럽공통언어참조프레임(CEF)〉의 대응 관계는 아래 표와 같다.

HSK 회화시험	어휘량	국제중국어 능력기준	유럽공통언어참 조프레임(CEF)
HSK 고급회화	약 3000개	5급	C2
			C1
HSK 중급회화	약 900개	4급	B2
		3급	B1
HSK 초급회화	약 200개	2급	A2
		1급	A1

    HSK 초급회화에 합격한 응시자는 익숙한 일상생활의 화제에 대해 듣고 이해할 수 있으며, 기본적인 일상회화를 진행할 수 있다.

    HSK 중급회화에 합격한 응시자는 원어민과 교류할 때 듣고 이해할 수 있으며, 중국어로 비교적 유창하게 회화를 진행할 수 있다.

    HSK 고급회화에 합격한 응시자는 듣고 이해할 수 있을 뿐만 아니라, 유창하게 자신의 견해를 표현할 수 있다.

    HSK회화시험 각 등급별 문항수와 시험 시간은 아래의 표와 같다.

HSK 회화시험	문항수 (개)	시험시간 (분)
HSK 초급회화	27개	약 17분
HSK 중급회화	14개	약 21분
HSK 고급회화	6개	약 24분

    HSK 회화시험은 녹음 형식을 채택하며, '듣기와 말하기의 결합', '읽기와 말하기의 결합'의 양식으로 수험생의 중국어회화 표현능력을 측정한다. 수험생들은 자신의 실제 수준에 따라서 자유롭게 시험등급을 선택한다.

HSK 口试 (初级) 介绍

　　HSK 口试 (初级) 考查考生的汉语口头表达能力，它对应于《国际汉语能力标准》一、二级，《欧洲语言共同参考框架 (CEF)》A级。通过HSK 口试 (初级) 的考生可以听懂并用汉语口头表达较为熟悉的日常话题，满足基本交际需求。

一、考试对象

　　HSK 口试 (初级) 主要面向按每周 2-3课时进度学习汉语一到两个学期，掌握 200个左右最常用词语的考生。

二、考试内容

　　HSK 口试 (初级) 分三部分，共 27 题。

考试内容		试题数量 (个)	考试时间 (分钟)
第一部分	听后重复	15	4
第二部分	听后回答	10	3
第三部分	回答问题	2	3
共计		27	10

　　全部考试约 17 分钟 (含准备时间 7 分钟)。

　　第一部分，共 15 题。每题播放一个句子，考生听后重复一次。
　　第二部分，共 10 题。每题播放一个问题，考生听后做简短回答。
　　第三部分，共 2 题。试卷上提供两个问题 (加拼音)，考生回答问题，每题至少说 5 句话。

三、成绩报告

　　HSK 口试 (初级) 满分 100 分，60分为合格。

满分	合格分	你的分数
100	60	

　　HSK 口试成绩长期有效。作为外国留学生进入中国院校学习的汉语能力的证明，HSK 口试成绩有效期为两年 (从考试当日算起)。

HSK 口试（初级）成绩报告

新 汉 语 水 平 考 试
Chinese Proficiency Test

HSK 口试（初级）成绩报告
HSK Speaking (Preliminary) Examination Score Report

姓 名：
Name

性 别： 国 籍：
Gender　　　　　　Nationality

考试时间： 年 月 日
Examination Date　　　　　　Year　　　Month　　　Day

编 号：
No.

满分(Full Score)	合格分(Passing Score)	你的分数(Your Score)
100	60	

主任
Director

国家汉办
Hanban
HANBAN

中国 · 北京
Beijing · China

HSK 회화 (초급) 소개

HSK 초급회화는 응시자의 중국어회화 표현능력을 측정하며, 〈국제중국어능력기준〉1급, 2급, 〈유럽공통언어참조프레임(CEF)〉A급에 해당된다. HSK 초급회화에 합격한 응시자는 익숙한 일상생활의 화제에 대해 듣고 이해할 수 있으며, 기본적인 일상회화를 진행할 수 있다.

一、시험대상

HSK 초급회화는 주로 매주 2-3시간씩 1~2학기 정도 중국어를 공부하고, 200개의 상용 어휘를 알고 있는 수험생에 해당된다.

二、시험내용

HSK 초급회화는 3부분으로 나누어져 있으며, 모두 27문항이다.

시험내용		시험문제 수 (개)	시험시간(분)
제1부분	듣고 반복하기	15	4분
제2부분	듣고 답하기	10	3분
제3부분	문제에 답하기	2	3분
합계		27	10분

전체 시험은 약 17분 소요 된다(준비시간 7 분 포함).

제1부분은 모두 15문항이다. 모든 문제는 한 문장씩 들려주며, 수험생은 녹음을 들은 다음 반복해서 다시 한 번 말하면 된다.

제2부분은 모두 10문항이다. 모든 문제는 한 문제씩 들려주며, 수험생은 녹음을 들은 다음 간단하게 대답하면 된다.

제3부분은 모두 2 문항이다. 시험지에 문제(병음이 표시 되어 있음)가 제시되어 있으며, 수험생은 문제에 답할 때, 최소한 5문장을 말해야 한다.

三、성적보고

HSK 초급회화의 만점은 100 점이고, 60점이 합격이다.

만점	합격 점수	당신의 점수
100	60	

HSK성적은 장기간 유효하다. 외국인 유학생으로 중국의 대학에 진학할 때 중국어능력 증명서로 쓸 경우, 유효기간은 2년이다(시험당일부터 계산한다).

HSK 口试 （初级) 考试要求及过程

一、 HSK 口试 (初级) 考试要求

1．考试前，考生要通过《新汉语水平考试大纲 HSK口试》等材料，了解考试形式，熟
   悉答题方式。
2．参加考试时，考生需要带：身份证件、准考证、2 B铅笔、橡皮

二、HSK 口试 (初级) 考试过程

1．考试开始时，主考宣布：

大家好！欢迎参加 HSK 口试(初级) 考试。

2．主考提醒考生(可以用考生的母语及其他有效方式)：
(1) 关闭手机。
(2) 把准考证和身份证件放在桌子的右上方。

3．之后，主考宣布。

现在请大家填写信息卡。

主考示意考生参考准考证 (可以用考生的母语及其他有效方式)，用铅笔填写信息卡上
的姓名、国籍、序号、等级等信息。

信息卡

姓名___________　　国籍___________

序号___________

初级 □　　中级 □　　高级 □

4．之后，主考请监考发试卷。

5．试卷发完后，主考向考生解释试卷封面上的注意内容 (可以用考生的母语及其他有
   效方式)：

<h2 style="text-align:center;">注　意</h2>

一、HSK口试（初级）分三部分：
  1　听后重复（15题，4分钟）
  2　听后回答（10题，3分钟）
  3　回答问题（2题，3分钟）
二 、全部考试约 17 分钟（含准备时间7分钟）。

6．之后，主考宣布：

现在开始考试。

主考提醒考生先要回答三个问题，准备第 26 题到 27 题时，可以在试卷上写提纲 (可
以用考生的母语及其他有效方式)。

7．主考播放录音。

8．录音结束时，主考提醒考生检查声音是否录下(可以用考生的母语及其他有效方式)。

9．之后，主考请监考收回考试材料。

10．主考清点考试材料后宣布：

考试现在结束。谢谢大家！再见。

HSK 회화 (초급) 시험 요구사항과 과정

一、 HSK 회화 (초급) 시험 요구 사항

1. 시험 전에 《신한어수평고시 대강 HSK 회화》등 자료를 통하여 시험유형을 이해하고 답안지 작성방식을 숙지해야 한다.
2. 시험 시 지참해야 할 것: 신분증, 수험표, 2B연필, 지우개.

二、 HSK 회화 (초급) 시험 과정

1. 시험을 시작할 때 주임 시험관이 다음과 같이 말한다:

> 여러분 안녕하세요! HSK회화 (초급)에 응시하신 것을 환영합니다.

2. 주임 시험관이 수험생에게 안내말씀을 한다 (**수험생의 모국어 또는 기타 유효한 방식을 이용할 수 있다**).
(1) 핸드폰을 꺼주세요.
(2) 수험표와 신분증을 책상 우측 상단에 놓으세요.

3. 그리고 나서 주임 시험관이 말한다.

> 지금부터 여러분의 정보 카드를 작성하십시오.

　주임 시험관은 수험생에게 수험표를 참고하여(**수험생의 모국어 또는 기타 유효한 방식을 이용할 수 있다**), 연필로 정보 카드에 이름, 국적, 수험표번호, 등급 등 정보를 적어 넣도록 한다.

정보 카드

이름________　　　국적________

수험표 번호________

초급 □　　　중급 □　　　고급 □

4. 그리고 주임 시험관이 시험 감독에게 시험지를 나누어 주도록 한다.

5. 시험지를 다 나누어 준 다음, 주임 시험관이 수험생에게 시험지 표지의 주의사항을 해석해 준다 (**수험생의 모국어 또는 기타 유효한 방식을 이용할 수 있다**).

주 의

一、 HSK 회화 (초급)은 세 부분으로 나누어져 있다.
    1. 듣고 반복하기 (15문제, 4분)
    2. 듣고 답하기 (10문제, 3분)
    3. 질문에 답하기 (2문제, 3분)
二、 시험 총시간은 17분이다(준비시간 5분포함).

6. 그리고 나서 주임 시험관이 말한다:

지금부터 시험을 시작합니다.

    주임 시험관은 수험생에게 우선 3문제를 답하도록 안내한다. 26-27번 문제를 준비할 때 시험지에 요점을 적어도 된다 (**수험생의 모국어 또는 기타 유효한 방식을 이용할 수 있다**).

7. 주임 시험관이 시험녹음을 틀어준다.

8. 녹음이 끝날 때 주임 시험관이 수험생에게 녹음이 잘 되었는지 확인하도록 한다 (**수험생의 모국어 또는 기타 유효한 방식을 이용할 수 있다**).

9. 그리고 주임 시험관은 시험 감독에게 시험자료를 거두라고 한다.

10. 주임 시험관은 시험자료를 체크하고 말한다:

시험을 여기서 마치겠습니다. 감사합니다!

신HSK 회화 초급 공략
유형 연습하기

회화 시험에 대처하는 우리의 자세

제 1 부분

듣고 반복하기: 아주 짧은 문장을 들은 다음 그 내용을 반복하면 된다. 예를 들면 他爱吃水果。그는 과일을 좋아한다.

공략법:

1) 술어를 잘 기억해 두어야 한다. 예를 들면 '他爱吃水果'에서 '爱'나 '吃' 중에서 하나가 빠져도 뜻이 완전히 달라지기 때문에 들을 때 술어를 잘 기억해 두어야 한다.
2) 문장의 뜻을 잘 파악한 다음 말하는 것이 좋다.
3) 잘 안 들릴 때는 병음이나 한글로 발음을 표기한 다음 말하는 것도 좋은 방법이다.

제 2 부분

듣고 답하기: 아주 짧은 질문을 듣고 대답하면 된다. 예를 들면

A: 你家在哪儿? 당신의 집은 어디에 있습니까?
B: 我家在首尔。 저희 집은 서울에 있습니다.

공략법:

1) 의문대사를 잘 기억해 두어야 한다. 문장의 맨 끝에 '吗'를 쓴 의문문의 긍정형 대답은 문장 맨 끝의 '吗'를 빼면 되고, 부정은 술어 앞에 '不'나 '没'를 붙이면 된다. 예를 들면

A: 你喜欢运动吗? 운동을 좋아하십니까?
B: 我喜欢运动。 운동을 좋아합니다.
/ 我不喜欢运动。 / 운동을 좋아하지 않습니다.

그리고 '什么, 哪, 哪儿, 谁, 怎么样, 什么样, 几' 등 의문대사를 사용한 의문문의 긍정형 대답은 '什么, 哪, 哪儿, 谁, 怎么样, 什么样, 几'가 위치한 곳에 해당하는 단어로 대체하여 대답하면 된다. 예를 들면

A: 晚上你几点睡觉? 저녁에 몇 시에 주무십니까?
B: 晚上我十一点睡觉。 저는 저녁 11시에 잡니다.

2) 질문 내용을 잘 파악한 다음 대답해야 한다.

제 3 부분

질문에 답하기: 이 부분의 문제는 녹음형식으로 질문하는 것이 아니라, 시험지에 적혀 있는 질문을 읽은 다음 1.5분간 말로 대답하면 된다. 그리고 7분이라는 준비 시간이 주어지며, 메모지에 메모할 수도 있다.

공략법:

1) 이 부분의 문제 같은 경우, 제한시간은 1.5분이고, 최소한 5문장 이상 말해야 한다. 물론 1.5분을 채우면 좋겠지만, 만약 대답할 때 틀린 문장이 많으면 안 하기보다 못하니 자신 있는 문장을 간략하게 말하는 것이 점수를 높일 수 있는 방법 중의 하나라고 할 수 있다.

2) 1.5분 동안 말하려면 할 말이 그렇게 많지 않다. 이럴 땐 예를 들어 이야기하는 것이 설득력이 있고, 생동감을 줄 수 있다.

3) 제한된 시간 내에 이야기를 만들어내려면 평소에 TV나 라디오를 많이 보고 듣는 것이 유리하다.

4) 어떤 일에 대한 본인의 견해를 서술할 때 대답하기 쉬운 쪽을 선택하는 것이 훨씬 유리하다.

5) 7분이란 준비시간을 충분히 활용하여, 완성된 문장을 2~3개 정도 쓴다.

6) 정식으로 녹음을 시작할 땐, 큰 소리고 자신감 있게 말한다.

第一部分 듣고 반복하기 연습

Warm up!

1. 我不是
   我不是学生。

2. 我喜欢打
   我喜欢打乒乓球。

3. 这本书是
   这本书是我朋友给我买的。

4. 我要两个
   我要两个汉堡。

5. 我不认识
   我不认识他哥哥。

6. 我买到
   我买到飞机票了。

7. 他住在
   他住在北京。

8. 下星期五我有
   下星期五我有约会。

9. 明天我想去
   明天我想去书店买书。

10. 我没吃
    我没吃早饭。

11. 他有一个哥哥
    他有一个哥哥和两个妹妹。

12. 他汉语说得
    他汉语说得非常好。

　들고 반복하기 연습을 할 때 우선 문장의 뜻을 파악한 다음, 문장을 두 부분으로 나누어 아주 능숙할 때까지 읽는다. 마지막으로 한국어 뜻을 보면서 중국어로 동시 통역을 하듯이 빠른 속도로 읽는다.

1.　　저는 학생이 아닙니다.

2.　　저는 탁구를 좋아합니다.

3.　　이 책은 제 친구가 저에게 사 준 것입니다.

4.　　햄버거 두 개 주세요.

5.　　저는 그의 형님을 모릅니다.

6.　　비행기표를 샀습니다.

7.　　그는 베이징에서 삽니다.

8.　　다음주 금요일에 제가 약속이 있습니다.

9.　　내일 저는 서점에 책을 사러 가려고 합니다.

10.　저는 아침을 먹지 않았습니다.

11.　그는 형 한명과 여동생 두 명이 있습니다.

12.　그는 중국어를 아주 잘합니다.

1. 我爸爸今年
   我爸爸今年四十五岁了。

2. 我想去
   我想去中国留学。

3. 他买了
   他买了两本书。

4. 今天不冷
   今天不冷也不热。

5. 我最喜欢
   我最喜欢夏天。

6. 他是昨天
   他是昨天来的。

7. 我家在
   我家在杭州。

8. 这个星期天我们一起
   这个星期天我们一起去看电影吧。

9. 她每天在图书馆
   她每天在图书馆学习。

10. 他还没找到
    他还没找到手机。

11. 明天下午两点
    明天下午两点见面吧。

12. 我帮你
    我帮你打扫房间。

　　듣고 반복하기 연습을 할 때 우선 문장의 뜻을 파악한 다음, 문장을 두 부분으로 나누어 아주 능숙할 때까지 읽는다. 마지막으로 한국어 뜻을 보면서 중국어로 동시 통역을 하듯이 빠른 속도로 읽는다.

1.　　저희 아버님은 올해 45세입니다.

2.　　저는 중국으로 유학가고 싶습니다.

3.　　그는 책을 두 권 샀습니다.

4.　　오늘은 춥지도 덥지도 않습니다.

5.　　저는 여름을 가장 좋아합니다.

6.　　그는 어제 왔습니다.

7.　　저희 집은 항저우에 있습니다.

8.　　이번 주 일요일에 우리 함께 영화보러 갑시다.

9.　　그녀는 매일 도서관에서 공부합니다.

10.　　그는 아직 핸드폰을 찾지 못했습니다.

11.　　내일 오후 2시에 만나요.

12.　　제가 방청소를 도와드릴게요.

1. 他家有
   他家有两辆汽车。

2. 我们汉语老师
   我们汉语老师是女的。

3. 我家离
   我家离银行很近。

4. 从下午一点到两点
   从下午一点到两点开会。

5. 我每天工作
   我每天工作八个小时。

6. 我买两张
   我买两张火车票。

7. 最近天气
   最近天气不太好。

8. 今天我得
   今天我得加班。

9. 现在差五分
   现在差五分九点。

10. 今天我请你
    今天我请你喝酒。

11. 我们先去吃饭，
    我们先去吃饭，然后去买东西吧。

12. 一直往前走，
    一直往前走，然后再往右拐。

　듣고 반복하기 연습을 할 때 우선 문장의 뜻을 파악한 다음, 문장을 두 부분으로 나누어 아주 능숙할 때까지 읽는다. 마지막으로 한국어 뜻을 보면서 중국어로 동시통역을 하듯이 빠른 속도로 읽는다.

1. 　그의 집은 승용차가 두 대 있습니다.

2. 　우리 중국어 선생님은 여자입니다.

3. 　저희 집은 은행에서 가깝습니다.

4. 　오후 1시부터 2시까지 회의를 합니다.

5. 　저는 매일 8시간 근무합니다.

6. 　기차표 두 장 주세요.

7. 　요즘 날씨가 그다지 좋지 않습니다.

8. 　오늘은 잔업을 해야 합니다.

9. 　지금은 5분전 9시입니다.

10. 　오늘은 제가 술을 사 드릴게요.

11. 　우선 식사를 하고 그리고 나서 물건을 사러 갑시다.

12. 　곧장 앞으로 가다가 우회전하세요.

1.

	有	两个妹妹
我		一个手机
		一辆汽车
		一台电脑
教室里		很多桌子和椅子
		六个男生

2.

	是	
我的房间号(码)		301
我的手机号(码)		010-2541-3254
我们公司的电话号码		02-425-6584
我们公司的传真号码		02-568-4526
我家的地址		江南区新沙洞245-1
我们老师		中国人

3.

	八点	
我们		上课
我们		出发
我		能到
他		去银行
火车		到站
飞机		起飞

1.

나	있다	여동생 두 명
		핸드폰 한 대
		승용차 한 대
		컴퓨터 한 대
교실에		많은 테이블과 의자
		6명의 남학생

2.

제 방 번호	~이다	301
제 핸드폰 번호		010-2541-3254
저희 회사 전화번호		02-425-6584
저희 회사 팩스번호		02-568-4526
저희 집 주소		강남구 신사동 245-1
우리 선생님		중국인

3.

우리	8시	수업을 하다
우리		출발하다
나		도착할 수 있다
그		은행에 가다
기차		역에 도착하다
비행기		이륙하다

1.

	在	书包里
钥匙		桌子上
		家里
		家
弟弟		学校
		美国

2.

	在家	吃早饭
我		学习
		看电视
		散步
他	在公园儿	画画儿
		照相

3.

	去	看电影
明天下午我想		买衣服
		打网球
		书店买书
这个周末他想		商店买东西
		朋友家玩儿

1.

열쇠	~에 있다	책가방 속
		테이블 위
		집 안
		집
남동생		학교
		미국

2.

나	집에서	아침식사를 하다
		공부하다
		TV를 보다
		산책을 하다
그	공원에서	그림을 그리다
		사진을 찍다

3.

내일 오후 나는 ~을 하려고 한다	가다	영화를 보다
		옷을 사다
		테니스를 치다
		서점에 가서 책을 사다
이번 주 주말 그는 ~을 하려고 한다		상점에 가서 쇼핑을 하다
		친구네 집에 가서 놀다

1.

他	今年二十五岁了
	每天六点起床
	今天没去上学
	游泳游得很好
	会说英语
	一般坐地铁上班

2.

我喜欢	看电影
	看小说
	吃水果
	吃蛋糕
	听音乐
	玩儿游戏

3.

我起		很早
我睡		很晚
我来	得	最早
他唱歌唱		非常好
她跳舞跳		很好
他打篮球打		还可以

1.

그	올해 25살이다
	매일 6시에 일어난다
	오늘 학교에 가지 않았다
	수영을 아주 잘한다
	영어를 할 줄 안다
	보통 지하철을 타고 출근한다

2.

나는 ~을 좋아한다	영화를 보다
	소설을 보다
	과일을 먹다
	케이크를 먹다
	음악을 듣다
	게임을 하다

3.

나는 일어나다	동사나 형용사 뒤에 쓰여 정도를 나타내는 보어와 연결시킴	아주 일찍
나는 자다		아주 늦게
나는 오다		가장 일찍
그는 노래를 부르는데		아주 잘한다
그녀는 춤을 추는데		아주 잘한다
그는 농구를 하는데		그런대로 잘하는 편이다

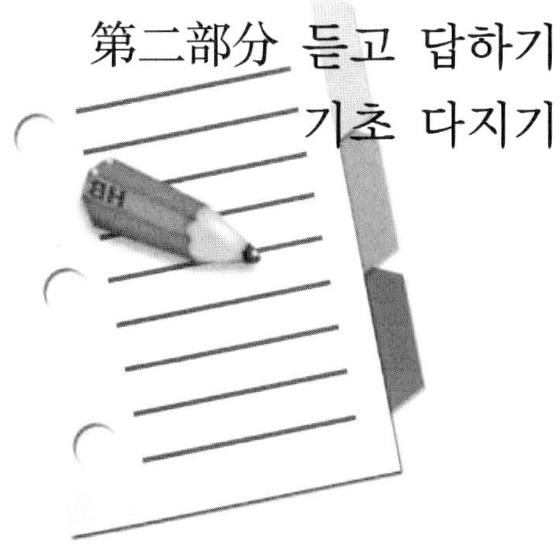

第二部分 듣고 답하기
기초 다지기

분류	의문사	의문문	긍정형	부정형
일반 의문문	吗	你是老师吗? 你有弟弟吗? 你最近忙吗? 你会游泳吗? 你想去书店吗? 你吃饭了吗? 你去过日本吗?	我是老师。 我有弟弟。 我最近很忙。 我会游泳。 我想去书店。 我吃饭了。 我去过日本。	我不是老师。 我没有弟弟。 我最近不忙。 我不会游泳。 我不想去书店。 我没吃饭。 我没去过日本。

설명: 문장의 맨 끝에 '吗'를 쓴 의문문을 일반 의문문이라고 한다. 일반의문문 형식의 긍정형 대답은 문장의 맨 끝에 붙인 '吗'를 빼면 되고, 부정은 술어 앞에 '不'나 '没'를 붙이면 된다.

일반 의문문: 주어 + 술어 + 목적어 + 吗?
긍　정　형: 주어 + 술어 + 목적어
부　정　형: 주어 + 不/没 + 술어 + 목적어

분류	의문사	의문문	긍정형	부정형
특수 의문문	什么	这是什么? 你想买什么书? 你喜欢什么运动?	这是玫瑰花。 我想买汉语书。 我喜欢打网球。	
	哪儿	你去哪儿? 你去哪儿买菜? 你在哪儿吃午饭? 钥匙放在哪儿了? 你是从哪儿来的?	我去市场。 我去夜市买菜。 我在公司的食堂吃午饭。 钥匙放在汽车里了。 我是从韩国来的。	
	哪	你是哪国人? 你找哪位李老师? 哪本书是你的? 你哪天出差? 你是哪年毕业的?	我是韩国人。 我找李美娜老师。 这本书是我的。 我下星期一出差。 我是78年毕业的。	
	谁	你找谁? 谁来了? 谁是经理? 这是谁的车? 是谁给你买的?	我找张科长。 爸爸来了。 他是经理。 这是我爸爸的车。 是我妈妈给我买的。	
	怎么样	你最近身体怎么样? 这件衣服怎么样? 你们那里天气怎么样? 最近过得怎么样?	我最近身体很好。 这件衣服很漂亮。 我们这里天气很好。 最近过得很好。	
	什么样	你喜欢穿什么样的衣服? 什么样的人最受欢迎?	我喜欢穿牛仔裤(niúzǎikù:청바지)。 又有能力又幽默的人最受欢迎。	

분류	의문사	의문문	긍정형	부정형
특수 의문문	几	你学了几年汉语？ 感冒几天了？ 现在几点？ 今天几月几号？ 你几点上班？ 你家有几口人？ 开了几个小时的会？ 你们班有几个女同学？	我学了两年汉语。 我感冒三天了。 现在八点半。 今天九月三号。 我八点上班。 我家有四口人。 开了两个小时的会。 我们班有三个女同学。	
	多少	你有多少钱？ 你们公司有多少职员？ 一共多少人？	我有235块。 我们公司有56名职员。 一共23个人。	
	多长 时间	从这儿到机场要多长时间？ 你等了我多长时间？	大概要两个小时。 我等了你半个小时。	

설명: '什么, 哪, 哪儿, 谁, 怎么样, 什么样, 几, 多少' 등 의문대사를 사용한 의문문을 특수 의문문이라고 한다. 특수 의문문 형식의 긍정형 대답은 '什么, 哪, 哪儿, 谁, 怎么样, 什么样, 几, 多少' 가 위치한 곳에 해당하는 단어로 대체하여 대답하면 된다. 즉 중국어에 있어 특수 의문문과 평서문의 어순은 같다는 뜻이다. 그리고 특수 의문문에서 의문대사 두 개를 사용하면 안 된다. 따라서 아래의 두 문장은 모두 틀린 문장이다.
这是什么吗？（×）你是谁吗？（×）

분류	의문문	긍정형	부정형
정반 의문문	你是不是老师？ 你有没有钱？ 你累不累？ 你会不会滑雪？ 你想不想去看电影？ 你喜不喜欢吃面包？ 欢不欢迎我？	我是老师。 我有钱。 我很累。 我会滑雪 我想去看电影。 我喜欢吃面包。 非常欢迎。	我不是老师。 我没有钱。 我不累。 我不会滑雪。 我不想去看电影。 我不喜欢吃面包。 不欢迎。

설명: 술어동사의 긍정형과 부정형을 병렬하여 만들어진 의문문을 정반 의문문이라고 한다. 정반 의문문은 술어의 긍정형과 부정형을 병렬하여 의문을 뜻을 나타내기 때문에 따로 의문사를 사용할 필요가 없다. 따라서 아래의 문장은 모두 틀린 문장이다.
你去不去商店吗？（×）你忙不忙吗？（×）
참고로 '你去吗？' 와 '你去不去？', '你忙吗' 와 '你忙不忙？' 은 같은 뜻이다.

형용사술어문: 중국어에서 형용사는 술어가 될 수 있다. 주의할 점은 형용사 술어문의 긍정형은 형용사 앞에 "很, 非常" 등 부사가 와야 하며, 형용사 술어문의 의문문은 "很, 非常" 을 빼고 문미에 "吗" 를 붙이면 된다.

형용사술어문의 긍정형: 주어 + 很/非常 + 형용사
형용사술어문의 의문형: 주어 + 형용사 + 吗?

1. 你 爸 爸 身 体 好 吗?

2. 你 最 近 忙 吗?

3. 你 工 作 忙 吗?

4. 你 累 吗?

5. 北 京 冬 天 冷 吗?

6. 韩 国 汽 车 多 吗?

7. 济 洲 岛 的 风 景 美 吗?

8. 我 的 衣 服 好 看 吗?

9. 中 国 菜 好 吃 吗?

10. 你 家 远 吗?

11. 汉 语 难 吗?

12. 这 个 干 净 吗?

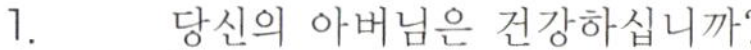

1. 당신의 아버님은 건강하십니까?	7. 제주도의 풍경은 아름답습니까?
2. 요즘 바쁘십니까?	8. 제 옷이 예쁩니까?
3. 일이 바쁘십니까?	9. 중국요리는 맛있습니까?
4. 힘드세요?	10. 당신의 집은 멉니까?
5. 베이징은 겨울에 춥습니까?	11. 중국어가 어렵습니까?
6. 한국에는 자동차가 많습니까?	12. 이것은 깨끗합니까?

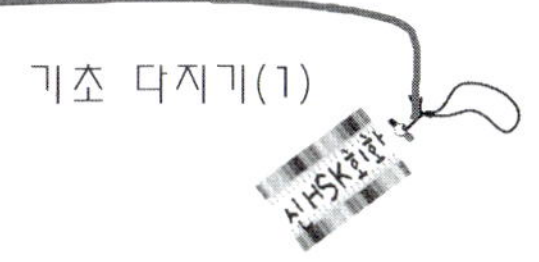

형용사술어문의 부정: 형용사 술어문의 부정형은 형용사 앞에 부정부사 "不"를 붙이면 된다. 주의할 점은 형용사 앞에 쓰였던 "很, 非常"을 빼야한다는 것이다.

형용사술어문의 부정형: 주어 + 不 + 형용사

1. 我 爸 爸 身 体 很 好。
2. 我 最 近 很 忙。
3. 我 工 作 很 忙。
4. 我 很 累。
5. 北 京 冬 天 不 冷。
6. 韩 国 汽 车 很 多。
7. 济 洲 岛 的 风 景 很 美。
8. 你 的 衣 服 很 好 看。
9. 中 国 菜 很 好 吃。
10. 我 家 不 太 远。
11. 汉 语 很 难。
12. 这 个 不 干 净。

1.	저희 아버님은 건강하십니다.	7.	제주도의 풍경을 아름답습니다.
2.	요즘 바쁩니다.	8.	당신의 옷이 예쁩니다.
3.	일이 많이 바쁩니다.	9.	중국요리는 맛있습니다.
4.	힘듭니다.	10.	저희 집은 그다지 멀지 않습니다.
5.	베이징은 겨울에 춥지 않습니다.	11.	중국어는 어렵습니다.
6.	한국에는 자동차가 많습니다.	12.	이것은 깨끗하지 않습니다.

동사술어문: 동사가 술어 되는 문장을 동사 술어문이라고 한다. 동사 술어문의 어순은 주어가 맨 앞에 오고 그 다음 동사이고, 동사 뒤에 목적어가 온다. 동사 술어문의 의문문은 문미에 "吗" 를 붙이면 된다.

동사술어문의 긍정형: 주어 + 동사 + 목적어
동사술어문의 의문형: 주어 + 동사 + 목적어 + 吗?

13.　你去商店吗?

14.　你看电视吗?

15.　你喝咖啡吗?

16.　你是韩国人吗?

17.　你哥哥是警察吗?

18.　明天你能来吗?

19.　你会游泳吗?

20.　你会唱中国歌吗?

21.　这儿可以抽烟吗?

22.　你想去夏威夷旅行吗?

23.　你认识我妹妹吗?

24.　你喜欢运动吗?

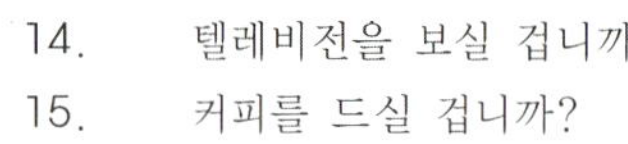

13.	상점에 가실 겁니까?	19.	수영할 줄 아십니까?
14.	텔레비전을 보실 겁니까?	20.	중국 노래를 할 줄 아십니까?
15.	커피를 드실 겁니까?	21.	여기에서 담배를 피워도 됩니까?
16.	당신은 한국사람입니까?	22.	하와이에 여행 가고 싶습니까?
17.	당신의 형(오빠)은 경찰입니까?	23.	제 여동생을 아십니까?
18.	내일 올 수 있습니까?	24.	운동을 좋아하십니까?

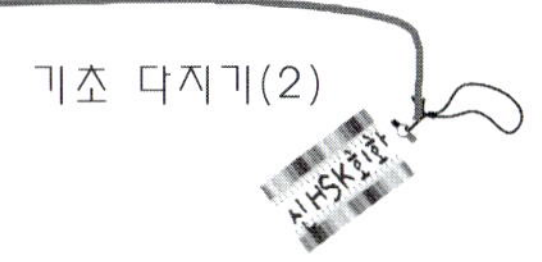

동사술어문의 부정: 동사술어문의 부정은 술어동사 앞에 부정부사 "不"를 붙이면 된다. 주의할 점은 문미의 "吗"을 빼야 한다는 것이다.

동사술어문의 부정형: 주어 + 不 + 동사

13.　我 去 商 店。

14.　我 不看 电 视。

15.　我 喝 咖 啡。

16.　我 不是 韩 国 人。

17.　我 哥 哥 是 警 察。

18.　明 天 我 能 去。

19.　我 不会 游 泳。

20.　我 不会 唱 中 国 歌。

21.　这 儿 不可以 抽 烟。

22.　我 想 去 夏 威 夷 旅 行。

23.　我 认 识 你 妹 妹。

24.　我 不喜欢 运 动。

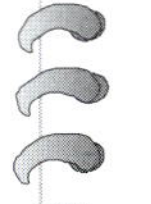

해석

13.	상점에 갈 겁니다.	19.	저는 수영을 못합니다.
14.	텔레비전을 안 볼 겁니다.	20.	저는 중국 노래를 할 줄 모릅니다.
15.	커피를 마시겠습니다.	21.	여기에서 담배 피우면 안 됩니다.
16.	저는 한국인이 아닙니다.	22.	하와이에 여행 가고 싶습니다.
17.	저의 형(오빠)은 경찰입니다.	23.	당신의 여동생을 압니다.
18.	내일 갈 수 있습니다.	24.	저는 운동을 좋아하지 않습니다.

'有' 자문: '有'가 술어 되는 문장을 '有' 자문이라고 한다. '有' 자문의 의문형은 문미에 '吗'를 붙이면 된다.

'有' 자문의 긍정형: 주어 + 有 + 목적어
'有' 자문의 의문형: 주어 + 有 + 목적어 + 吗?

과거경험태: 술어 동사 뒤에 '过'를 붙이면 과거에 어떤 일을 해본 적이 있다는 뜻을 나타낼 수 있다. 과거경험태의 의문형은 문미에 '吗'를 붙이면 된다.

과거경험태의 긍정형: 주어 + 술어동사 + 过 + 목적어
과거경험태의 의문형: 주어 + 술어동사 + 过 + 목적어 + 吗?

25. 你有时间吗?

26. 你有孩子吗?

27. 你有房子吗?

28. 你去过中国吗?

29. 你吃过北京烤鸭吗?

30. 你看过京剧吗?

31. 你学过汉语吗?

32. 你跟朋友借过钱吗?

33. 你来过这里吗?

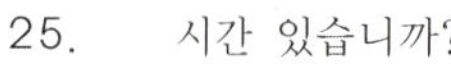

25.	시간 있습니까?	30.	경극을 본 적이 있습니까?
26.	아이 있습니까?	31.	중국어를 배워 본 적이 있습니까?
27.	집이 있습니까?	32.	친구에게 돈을 빌려 본 적이 있습니까?
28.	중국에 가 본 적이 있습니까?	33.	이곳에 오신 적이 있습니까?
29.	베이징 오리구이를 드셔본 적이 있습니까?		

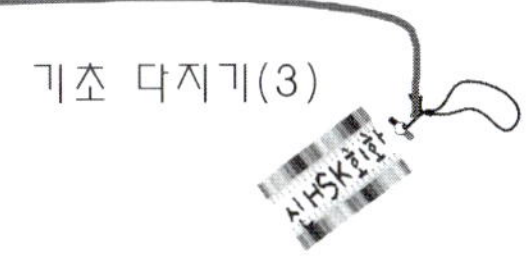

답하기

'有' 자문의 부정: '有' 자문의 부정은 '有' 앞에 '没'를 붙이면 된다.

'有' 자문의 부정형: 주어 + 没 + 有 + 목적어

과거경험태의 부정: 과거경험태의 부정은 술어동사 앞에 '没'를 붙이면 된다.

과거경험태의 부정형: 주어 + 没 + 술어동사 + 过 + 목적어

25.　我 有 时 间。

26.　我 没 有 孩 子。

27.　我 没 有 房 子。

28.　我 没 去 过 中 国。

29.　我 吃 过 北 京 烤 鸭。

30.　我 没 看 过 京 剧。

31.　我 学 过 汉 语。

32.　我 跟 朋 友 借 过 钱。

33.　我 没 来 过 这 儿。

해석

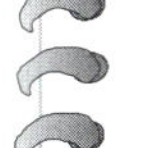

25. 시간 있습니다.
26. 저는 아이가 없습니다.
27. 저는 집이 없습니다.
28. 중국에 가 본 적이 없습니다.
29. 베이징 오리구이를 먹어본 적이 있습니다.

30. 경극을 본 적이 없습니다.
31. 중국어를 배워 본 적이 있습니다.
32. 친구에게 돈을 빌려 본 적이 있습니다.
33. 이곳에 온 적이 없습니다.

'了' 의 용법: '了' 는 동사술어문의 맨 마지막에 쓰여 동작의 완료 즉 과거에 어떤 동작이 이미 완료되었음을 나타낸다. 주의할 점은 '了' 는 동사술어문에서만 동작의 완료를 나타내고, 기타 '有' 자문, '是' 자문, 형용사술어문에서는 완료를 나타내지 않고 변화를 나타낸다. 동작의 완료를 나타내는 '了' 의 의문형은 문미에 '吗' 를 붙이면 된다.

동작의 완료를 나타내는 '了' 의 긍정형: 주어 + 동사 + 목적어 + 了
동작의 완료를 나타내는 '了' 의 의문형: 주어 + 동사 + 목적어 + 了 + 吗?

34. 你吃饭了吗?

35. 朴先生来了吗?

36. 你结婚了吗?

37. 你爸爸起床了吗?

38. 你们学校放假了吗?

39. 到北京站了吗?

40. 你姐姐毕业了吗?

41. 外边下雨了吗?

42. 你告诉他了吗?

43. 你去看电影了吗?

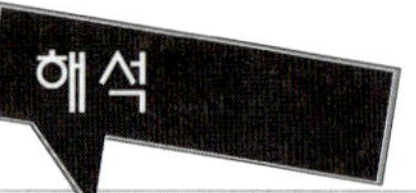

34. 식사하셨습니까?		39.	베이징역에 도착했습니까?
35. 박선생님 오셨습니까?		40.	당신의 언니(누나)는 졸업했습니까?
36. 결혼 하셨습니까?		41.	밖에 비가 옵니까?
37. 당신의 아버님은 일어나셨습니까?		42.	그에게 알려 주셨습니까?
38. 당신의 학교는 방학했습니까?		43.	영화보러 갔었습니까?

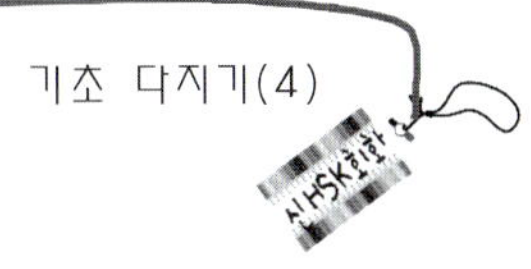

동작의 완료를 나타내는 '了'의 부정: 동작의 완료를 나타내는 '了'의 부정은 술어동사 앞에 '没'를 붙이고, 문미에 쓰였던 '了'는 빼야 한다.

동작의 완료를 나타내는 '了'의 부정형: 주어 + 没 + 동사 + 목적어

34. 我 吃 饭 了。

35. 朴 先 生 还 没 来。

36. 我 还 没 结 婚。

37. 我 爸 爸 还 没 起 床。

38. 我 们 学 校 放 假 了。

39. 还 没 到 北 京 站。

40. 我 姐 姐 毕 业 了。

41. 外 边 没 下 雨。

42. 我 没 告 诉 他。

43. 我 没 去 看 电 影。

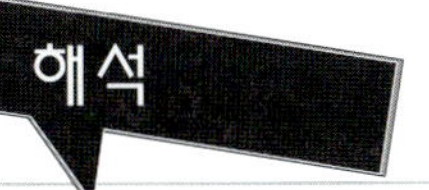
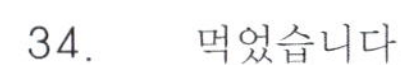

34. 먹었습니다.	39. 아직 베이징역에 도착하지 않았습니다.
35. 박선생님은 아직 안 오셨습니다.	40. 저의 언니(누나)는 졸업했습니다.
36. 아직 결혼 안 했습니다.	41. 밖에 비가 안 옵니다.
37. 저희 아버님은 아직 일어나지 않았습니다.	42. 그에게 알리지 않았습니다.
38. 우리 학교는 방학했습니다.	43. 영화보러 안 갔습니다.

‘了’와 보어의 결합: ‘了’는 결과보어나 방향보어가 술어되는 문장의 맨 마지막에 쓰여 동작의 완료 즉 과거의 어떤 동작이 이미 완료되었음을 나타낼 수 있다. 의문형은 문미에 ‘吗’를 붙이면 된다.

긍정형: 주어 + 결과보어/방향보어 + 목적어 + 了
의문형: 주어 + 결과보어/방향보어 + 목적어 + 了 + 吗?

44. 你看见李老师了吗?

45. 你跟张小姐约好了吗?

46. 你找到钥匙了吗?

47. 洗完衣服了吗?

48. 吃好了吗?

49. 今天大家都玩好了吗?

50. 你的孩子考上大学了吗?

51. 他睡着了吗?

52. 你借来照像机了吗?

53. 老师进教室来了吗?

54. 女同学们都出来了吗?

44. 이선생님을 보셨습니까?
45. 미스 장과 약속 해 놓았습니까?
46. 키를 찾으셨습니까?
47. 옷 다 빠셨습니까?
48. 맛있게 드셨습니까?
49. 오늘 여러분 모두 재미있게 놀았습니까?
50. 당신의 아이는 대학에 붙었습니까?
51. 그는 잠 들었습니까?
52. 카메라를 빌려 오셨습니까?
53. 선생님이 교실에 들어 오셨습니까?
54. 여학생들은 모두 나왔습니까?

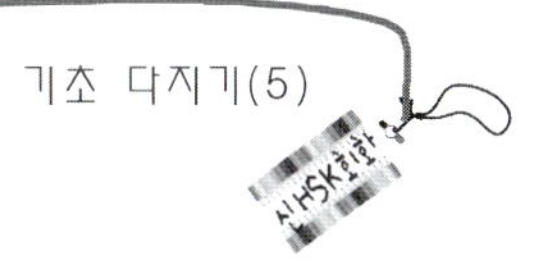

답하기

부정: 결과보어나 방향보어가 술어되는 문장의 문미에 '了'가 와서 동작의 완료를 나타내는 문장의 부정은 결과보어나 방향보어 앞에 '没'를 붙이고, 문미의 '了'는 빼야 한다.

부정형: 주어 + 没 + 결과보어/방향보어 + 목적어

44. 我 没看见 李 老 师。
45. 我 跟 张 小 姐 已 经 约 好 了。
46. 我 还 没找到 钥 匙。
47. 洗 完 衣 服 了。
48. 吃 好 了。
49. 今 天 我 们 都 玩 好 了。
50. 我 的 孩 子 考 上 大 学 了。
51. 他 还 没睡着。
52. 我 借 来 照 像 机 了。
53. 老 师 进 教 室 来 了。
54. 女 同 学 们 都 出 来 了。

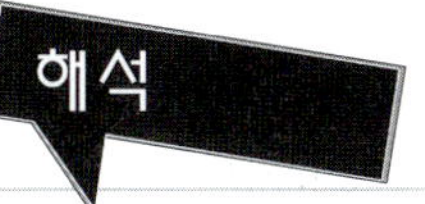

해석

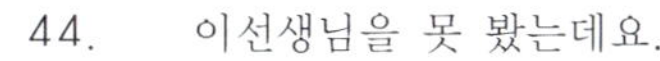

44.	이선생님을 못 봤는데요.		50.	제 아이는 대학에 붙었습니다.
45.	미스 장과 약속 해 놓았습니다.		51.	그는 아직 잠들지 않았습니다.
46.	아직 키를 못 찾았습니다.		52.	카메라를 빌려 왔습니다.
47.	옷을 다 빨았습니다.		53.	선생님이 교실에 들어 오셨습니다.
48.	잘 먹었습니다.		54.	여학생들은 모두 나왔습니다.
49.	오늘 우리 모두 재미있게 놀았습니다.			

55. 你 是 谁?

56. 谁 是 这 儿 的 负 责 人?

57. 这 是 谁 的 衣 服?

58. 你 找 谁?

59. 谁 来 了?

60. 谁 会 开 车?

61. 你 想 跟 谁 一 起 去?

62. 你 是 跟 谁 一 起 来 的?

63. 这 是 谁 弄 坏 的?

64. 是 谁 打 来 的 电 话?

65. 谁 把 车 停 在 这 儿 了?

66. 谁 把 我 的 雨 伞 拿 走 了?

55. 당신은 누구입니까?
56. 여기 책임자는 누구 입니까?
57. 이것은 누구 옷 입니까?
58. 누구를 찾으십니까?
59. 누가 오셨습니까?
60. 누가 운전할 줄 아십니까?

61. 당신은 누구랑 같이 가고 싶습니까?
62. 당신은 누구랑 같이 오셨습니까?
63. 이것은 누가 망가뜨렸습니까?
64. 누구에게서 걸려온 전화입니까?
65. 누가 차를 이곳에 세워놨습니까?
66. 누가 저의 우산을 가져갔습니까?

의문대사 ‘谁’ 가 들어가는 질문형식에 대답할 때는 의문대사 ‘谁’ 가 위치한 곳에 ‘谁’ 에 해당하는 사람을 써 넣으면 된다.

55. 我 是 李 丽。

56. 我 是 这 儿 的 负 责 人。

57. 这 是 我 的 衣 服。

58. 我 找 金 科 长。

59. 金 先 生 来 了。

60. 我 会 开 车。

61. 我 想 跟 朴 先 生 一 起 去。

62. 我 是 跟 他 一 起 来 的。

63. 这 是 他 弄 坏 的。

64. 是 老 李 打 来 的 电 话。

65. 不 清 楚。

66. 你 哥 哥 把 你 的 雨 伞 拿 走 了。

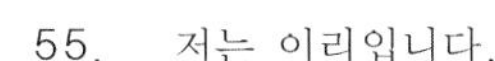

55. 저는 이리입니다.	61. 저는 박선생님이랑 같이 가고 싶습니다.
56. 제가 여기 책임자입니다.	62. 저분하고 같이 왔습니다.
57. 이것은 제 옷입니다.	63. 이것은 저 사람이 망가뜨렸습니다.
58. 김과장님을 찾습니다.	64. 이씨에게서 걸려온 전화입니다.
59. 김선생님이 오셨습니다.	65. 잘 모르겠습니다.
60. 제가 운전할 줄 압니다.	66. 당신 형(오빠)이 당신 우산을 가져갔습니다.

의문대사 '什么' : 의문대사 '什么' 는 목적어, 한정어가 될 수 있다. 주의할 점은
'什么' 가 들어가는 의문문의 문미에 '吗' 를 쓰면 안 된다는 것이다.

67. 这是什么?

68. 你想吃什么?

69. 你想喝点儿什么?

70. 你喜欢什么运动?

71. 他是你的什么人?

72. 他们在看什么?

73. 你买什么?

74. 你买什么了?

75. 你想买什么书?

76. 你管他叫什么?

77. 什么牌子的电视比较好?

78. 桌子上有什么?

67.	이것은 무엇입니까?	73.	무엇을 사실 겁니까?
68.	무엇을 드시겠습니까?	74.	무엇을 사셨습니까?
69.	뭐 좀 마실래요?	75.	무슨 책을 사려고합니까?
70.	어떤 운동을 좋아하십니까?	76.	그를 뭐라고 부르십니까?
71.	저분은 당신과 어떤 사이입니까?	77.	어떤 상표의 텔레비전이 비교적 좋습니까?
72.	그들은 무엇을 보고 있습니까?	78.	테이블 위에 무엇이 있습니까?

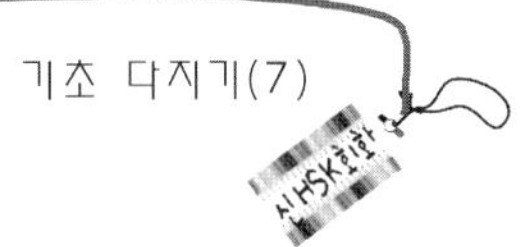

의문대사 '什么' 가 들어가는 질문형식에 대답할 때는 의문대사 '什么' 가 위치한 곳에 '什么' 에 해당하는 단어로 대체하여 대답하면 된다.

67. 这是打印机。

68. 我想吃面包。

69. 我想喝茶。

70. 我喜欢踢足球。

71. 他是我男朋友。

72. 他们在看电视。

73. 我买一斤桔子。

74. 我买了两瓶饮料。

75. 我想买汉语书。

76. 我管他叫叔叔。

77. 康佳牌儿的电视比较好。

78. 桌子上有两本书和一支圆珠笔。

67. 이것은 프린터입니다.	73. 귤 한 근 주세요.
68. 저는 빵을 먹고 싶습니다.	74. 음료수 두 병을 샀습니다.
69. 차를 마시고 싶습니다.	75. 중국어 책을 사려고합니다.
70. 축구를 좋아합니다.	76. 그를 삼촌이라고 부릅니다.
71. 저분은 제 남자친구입니다.	77. 캉쟈 텔레비전이 비교적 좋습니다.
72. 그들은 텔레비전을 보고 있습니다.	78. 테이블 위에 책 두 권과 볼펜 한 자루가 있습니다.

의문대사 '怎么样' : 의문대사 '怎么样' 은 목적어가 될 수 있다. 주의할 점은 '怎么样' 이 들어가는 의문문의 문미에 '吗' 를 쓰면 안 된다는 것이다.

68.　今 天 天 气 怎 么 样?

69.　这 件 衣 服 怎 么 样?

70.　韩 国 怎 么 样?

71.　现 代 的 汽 车 怎 么 样?

72.　今 天 我 穿 得 怎 么 样?

73.　你 唱 歌 唱 得 怎 么 样?

74.　你 踢 足 球 踢 得 怎 么 样?

75.　他 写 字 写 得 怎 么 样?

76.　她 画 画 儿 画 得 怎 么 样?

77.　李 老 师 篮 球 打 得 怎 么 样?

78.　朴 小 姐 乒 乓 球 打 得 怎 么 样?

79.　你 汉 语 说 得 怎 么 样?

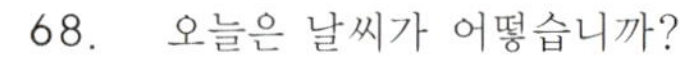

68.　오늘은 날씨가 어떻습니까?
69.　이 옷 어때요?
70.　한국은 어떻습니까?
71.　현대 자동차는 어떻습니까?
72.　오늘 제가 입은 옷이 어떻습니까?
73.　노래를 잘 부르십니까?

74.　축구를 잘 합니까?
75.　그는 글씨를 잘 씁니까?
76.　그녀는 그림을 잘 그립니까?
77.　이선생님은 농구를 잘 합니까?
78.　미스 박은 탁구를 잘 칩니까?
79.　당신은 중국어를 잘 합니까?

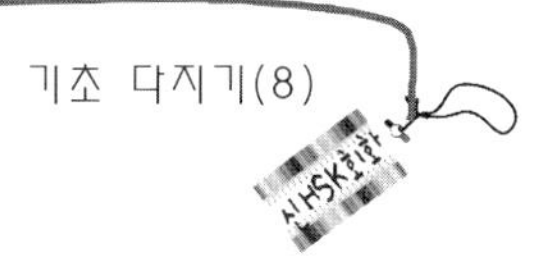

의문대사 '怎么样' 이 들어가는 질문형식에 대답할 때는 의문대사 '怎么样' 이 위치한 곳에 '怎么样' 에 해당하는 단어로 대체하여 대답하면 된다.

68.　今 天 天 气 很 好。

69.　这 件 衣 服 还 不 错。

70.　韩 国 很 美。

71.　现 代 的 汽 车 还 可 以。

72.　今 天 你 穿 得 非 常 漂 亮。

73.　我 唱 歌 唱 得 不 太 好。

74.　我 踢 足 球 踢 得 还 可 以。

75.　他 写 字 写 得 不 太 好。

76.　她 画 画 儿 画 得 很 好。

77.　李 老 师 篮 球 打 得 不 错。

78.　朴 小 姐 乒 乓 球 打 得 不 好。

79.　我 汉 语 说 得 不 太 好。

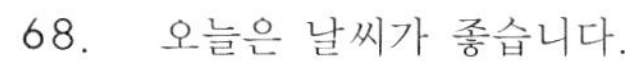

68.	오늘은 날씨가 좋습니다.	74.	저는 축구를 그런대로 잘합니다.
69.	이 옷 괜찮은데요.	75.	그는 글씨를 잘 못씁니다.
70.	한국은 아주 아름답습니다.	76.	그녀는 그림을 아주 잘 그립니다.
71.	현대 자동차는 그런대로 괜찮습니다.	77.	이선생님은 농구를 잘 합니다.
72.	오늘 당신이 입은 옷은 매우 아름답습니다.	78.	미스 박은 탁구를 잘 못칩니다.
73.	저는 노래를 잘 부르지 못합니다.	79.	저는 중국어를 잘 못합니다.

의문대사 '哪儿' : 의문대사 '哪儿' 은 부사어, 한정어, 보어, 목적어가 될 수 있다. 주의할 점은 '哪儿' 이 들어가는 의문문의 문미에 '吗' 를 쓰면 안 된다는 것이다.

80. 你一般去哪儿买东西?

81. 你想去哪儿留学?

82. 你家在哪儿?

83. 你住在哪儿?

84. 我的袜子在哪儿?

85. 你现在在哪儿?

86. 请问, 百货商店在哪儿?

87. 你在哪儿工作?

88. 你在哪儿吃午饭?

89. 你喜欢在哪儿看书?

90. 你们俩是在哪儿碰见的?

91. 这条裙子是在哪儿买的?

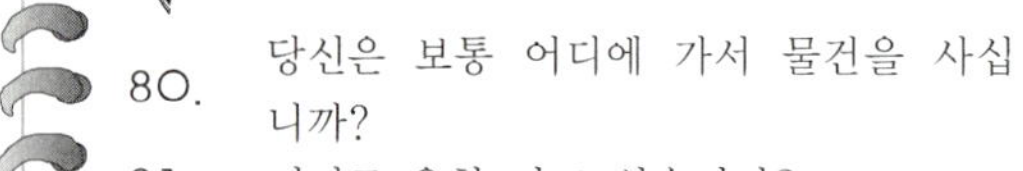

80. 당신은 보통 어디에 가서 물건을 사십니까?
81. 어디로 유학 가고 싶습니까?
82. 당신의 집은 어디에 있습니까?
83. 당신은 어디에서 사십니까?
84. 제 양말은 어디에 있습니까?
85. 당신은 지금 어디에 있습니까?
86. 말씀 좀 여쭙겠는데요, 백화점은 어디에 있습니까?
87. 당신은 어디에서 일을 하십니까?
88. 당신은 어디에서 점심식사를 합니까?
89. 당신은 어디에서 책 보기를 좋아합니까?
90. 두 분은 어디에서 만났습니까?
91. 이 치마는 어디에서 사셨습니까?

의문대사 '哪儿' 이 들어가는 질문형식에 대답할 때는 의문대사 '哪儿' 이 위치한 곳에 '哪儿' 에 해당하는 단어로 대체하여 대답하면 된다.

80. 我一般去大型超市买东西。

81. 我想去美国留学。

82. 我家在桂林路。

83. 我住在钟路。

84. 你的袜子在衣柜里。

85. 我现在在北京。

86. 百货商店在人民银行的旁边。

87. 我在银行工作。

88. 我在公司的食堂吃午饭。

89. 我喜欢在阅览室看书。

90. 我们俩是在一楼碰见的。

91. 这条裙子是在百货商店买的。

80. 저는 보통 대형마트에 가서 물건을 삽니다.

81. 미국으로 유학 가고 싶습니다.

82. 저희 집은 꾸에린로에 있습니다.

83. 저는 종로에서 삽니다.

84. 당신의 양말은 옷장 안에 있습니다.

85. 저는 지금 베이징에 있습니다.

86. 백화점은 인민은행 옆에 있습니다.

87. 저는 은행에서 근무합니다.

88. 저는 회사식당에서 점심을 먹습니다.

89. 저는 열람실에서 책을 보기 좋아합니다.

90. 우리는 1층에서 만났습니다.

91. 이 치마는 백화점에서 샀습니다.

의문대사 '几' 와 '多少' : 의문대사 '几' 는 일반적으로 10이하에 수에 대해 질문을 할 때 사용하며, '多少' 는 일반적으로 10이상에 수에 대해 질문을 할 때 사용한다. '几' 와 '多少' 는 한정어, 목적어가 될 수 있다. 주의할 점은 '几' 와 '多少' 가 들어가는 의문문의 문미에 '吗' 를 쓰면 안 된다는 것이다.

92. 现在几点?

93. 今天几月几号?

94. 今天星期几?

95. 你家有几口人?

96. 你们公司有几个女职员?

97. 你家有几辆车?

98. 你来中国几年了?

99. 你能喝几瓶啤酒?

100. 你们班有多少学生?

101. 这个多少钱?

102. 这些一共多少钱?

103. 你的电话号码是多少?

92. 지금은 몇 시입니까?
93. 오늘은 몇 월 며칠입니까?
94. 오늘은 무슨 요일입니까?
95. 당신의 집은 가족이 몇 명입니까?
96. 당신 회사는 여직원이 몇 명입니까?
97. 당신의 집에는 자동차가 몇 대 있습니까?
98. 당신은 중국에 오신지 몇 년 되셨습니까?
99. 당신은 맥주를 몇 병 드실 수 있습니까?
100. 당신 반은 학생이 몇 명입니까?
101. 이것은 얼마입니까?
102. 모두 얼마입니까?
103. 당신의 전화번호는 몇 번입니까?

의문대사 '几'와 '多少'가 들어가는 질문형식에 대답할 때는 의문대사 '几'와 '多少'가 위치한 곳에 '几'와 '多少'에 해당하는 숫자를 써 넣으면 된다.

92.　现在七点。

93.　今天十一月五号。

94.　今天星期六。

95.　我家有四口人。

96.　我们公司有两个女职员。

97.　我家有一辆车。

98.　我来中国两年了。

99.　我能喝两瓶啤酒。

100.　我们班有四十五个学生。

101.　这个八元六角。

102.　这些一共一百二十块。

103.　我的电话号码是238-4721。

92.　지금은 7시입니다.

93.　오늘은 11월 5일입니다.

94.　오늘은 토요일입니다.

95.　저희 집은 네 식구입니다.

96.　저희 회사는 여직원이 두 명입니다.

97.　저희 집에는 자동차가 한 대 있습니다.

98.　저는 중국에 온 지 2년 되었습니다.

99.　저는 맥주를 두 병 마실 수 있습니다.

100.　우리 반은 학생이 45명입니다.

101.　이것은 8위안 60전입니다.

102.　모두 120위안입니다.

103.　제 전화번호는 238-4721입니다.

新 汉 语 水 平 考 试 题

HSK 口试（初级）模拟试题
第 一 套

注　　意

一、HSK 口试（初级）分三部分：

  1. 听后重复（15题，4分钟)

  2. 听后回答（10题，3分钟)

  3. 回答问题（2题，3分钟）

二、全部考试约17分钟（含准备时间7分钟）。

第 一 部 分

第 1–15 题：听后重复

第 二 部 分

第 16–25 题：听后回答

第 三 部 分

第 26–27 题：回答问题

Qǐng nǐ jièshào yíxià nǐ de jiārén.
26. 请 你 介绍 一下 你 的 家人。(1.5分钟)

Nǐ jiā fùjìn shēnghuó húanjìng zěnmeyàng?
27. 你 家 附近 生活 环境 怎么样？(1.5分钟)

新 汉 语 水 平 考 试 题

HSK 口试（初级）模拟试题
第 二 套

注　　意

一、HSK 口试（初级）分三部分：

　　1. 听后重复（15 题，4 分钟)

　　2. 听后回答（10 题，3 分钟)

　　3. 回答问题（2 题，3 分钟）

二、全部考试约17分钟（含准备时间7分钟）。

$$\text{第 一 部 分}$$

第 1–15 题：听后重复

$$\text{第 二 部 分}$$

第 16–25 题：听后回答

$$\text{第 三 部 分}$$

第 26–27 题：回答问题

Nǐ　juéde　xuéxí　Hànyǔ　yǒuyìsi　ma?
26. 你　觉得　学习　汉语　有意思　吗？(1.5分钟)

Nǐ　xǐhuan　yùndòng　ma?　Wèishénme?
27. 你　喜欢　运动　吗？　为什么？(1.5分钟)

新 汉 语 水 平 考 试 题

HSK 口试（初级）模拟试题
第 三 套

注　　意

一、HSK 口试（初级）分三部分：

  1．听后重复（15题，4分钟)

  2．听后回答（10题，3分钟)

  3．回答问题（2题，3分钟）

二、全部考试约17分钟（含准备时间7分钟）。

第 一 部 分

第 1–15 题: 听后重复

第 二 部 分

第 16–25 题: 听后回答

第 三 部 分

第 26–27 题: 回答问题

Qǐng   nǐ   jièshào   yíxia   nǐ   de   yì   tiān.
26. 请 你 介绍 一下 你 的 一 天。(1.5分钟)

Nǐ   yìbān   zěnme   guò   zhōumò?
27. 你 一般 怎么 过 周末？ (1.5分钟)

新 汉 语 水 平 考 试 题

HSK 口试（初级）模拟试题
第 四 套

注　　意

一、HSK 口试（初级）分三部分：

　　1．听后重复（15题，4分钟)

　　2．听后回答（10题，3分钟)

　　3．回答问题（2题，3分钟）

二、全部考试约17分钟（含准备时间7分钟）。

第 一 部 分

第 1-15 题：听后重复

第 二 部 分

第 16-25 题：听后回答

第 三 部 分

第 26-27 题：回答问题

      Nǐ xǐhuan qù dàxíng chāoshì mǎi dōngxi ma? Wèishénme?
26. 你 喜欢 去 大型 超市 买 东西 吗？ 为什么？(1.5分钟)

      Chūqu lǚyóu de shíhou, nǐ yìbān zìjǐ kāichē háishi zuò huǒchē? Wèishénme?
27. 出去 旅游 的 时候，你 一般 自己 开车 还是 坐 火车？为什么？(1.5分钟)

新 汉 语 水 平 考 试 题

HSK 口试（初级）模拟试题
第 五 套

注　　意

一、HSK 口试（初级）分三部分：

　　1. 听后重复（15题，4分钟)

　　2. 听后回答（10题，3分钟)

　　3. 回答问题（2题，3分钟）

二、全部考试约17分钟（含准备时间7分钟）。

<h1 align="center">第 一 部 分</h1>

第 1-15题: 听后重复

<h1 align="center">第 二 部 分</h1>

第 16-25题: 听后回答

<h1 align="center">第 三 部 分</h1>

第 26-27题: 回答问题

<pre>
      Nǐ   xǐhuan   chī Zhōngguó cài   ma?
26. 你   喜欢   吃   中国   菜   吗? (1.5分钟)
</pre>

<pre>
      Qǐng nǐ jièshào yíxia nǐ de   àihào.
27. 请   你   介绍   一下   你   的   爱好。(1.5分钟)
</pre>

新 汉 语 水 平 考 试 题

HSK 口试（初级）模拟试题
第 六 套

注　　意

一、HSK 口试（初级）分三部分：

　　1. 听后重复（15题，4分钟)

　　2. 听后回答（10题，3分钟)

　　3. 回答问题（2题，3分钟）

二、全部考试约17分钟（含准备时间7分钟）。

第 一 部 分

第 1–15 题：听后重复

第 二 部 分

第 16–25 题：听后回答

第 三 部 分

第 26–27 题：回答问题

Yì nián sìjì   nǐ   zuì   xǐhuan   nǎ   ge   jìjié?   Wèishénme?
26. 一　年　四季　你　最　喜欢　哪　个　季节？为什么？(1.5分钟)

Nǐ   juéde   kàn   diànshì   háochu   duō   háishi   huàichu   duō?
27. 你　觉得　看　电视　好处　多　还是　坏处　多？(1.5分钟)

신HSK 회화 초급 공략
실전 모의고사
1회 정답 및 해설

第 1-15题： 听后重复

1.　　　我想学汉语。

2.　　　明天我不能去了。

3.　　　我们开车去吧。

4.　　　请告诉我你的电话号码。

5.　　　你跑得真快！

6.　　　我很喜欢打乒乓球。

7.　　　老师已经来了。

8.　　　今天我休息。

9.　　　一斤苹果十块钱。

10.　　　我爸爸是大学教授。

11.　　　我想买一条裤子。

12.　　　我没去商店。

13.　　　这个周六我没有时间。

14.　　　我的书包在阅览室。

15.　　　这个星期天是儿童节。

1.
해설

저는 중국어를 배우고 싶습니다.
'想, ~을 하고 싶다' 는 조동사이기 때문에 일반동사 '学' 앞에 와야 한다.

2.
해설

내일 저는 못 갈 것 같습니다.
'不…了' 는 '…을 할 수 없게 되었다' 라는 뜻으로 상황이 변화되었음을 나타낸다.

3.
해설

우리 운전해서 갑시다.
'吧, …합시다' 는 문장의 맨 끝에 쓰여, 상의 · 제의 · 청유 · 기대 · 명령 등의 어기를 나타낸다.

4.
해설

당신의 전화번호를 좀 알려주세요.
'告诉' 는 간접목적어 '我' 와 직접목적어 '你的电话号码' 두 개의 목적어를 동반하고 있다.

5.
해설

당신은 정말 빨리 달리시네요!
정도보어는 '동사 + 得 + 정도보어' 의 형식을 취한다. 정도보어는 일반적으로 형용사인 경우가 많다.

6.
해설

저는 탁구치는 것을 아주 좋아합니다.
'喜欢' 는 심리동사이기 때문에 '很' 의 수식을 받을 수 있다.

7.
해설

선생님은 이미 오셨습니다.
'了' 는 문장의 맨 끝에 쓰여 동작의 완료를 나타낸다.

8.
해설

저는 오늘 쉽니다.
'今天' 은 시간명사로서 '我' 앞이나 뒤에 모두 올 수 있다.

9.
해설

사과 한 근에 10위안입니다.
여기서 술어는 '十块钱' 이다. 이와 같이 술어가 형용사일 경우 '是' 를 쓰면 안 된다.

10.
해설

저희 아버님은 대학교 교수입니다.
'大学' 와 '教授' 사이에 '的' 를 쓰지 않는다.

11.
해설

바지 하나를 사려고 합니다.
'想, …을 하려고 하다' 는 조동사이기 때문에 일반동사 '买' 앞에 와야 한다.

12.
해설

저는 상점에 가지 않았습니다.
'去了, 갔다' 의 부정은 '没去, 가지 않았다' 이다.

13.
해설

이번 주 토요일에 저는 시간이 없습니다.
'有' 의 부정은 '没有' 이다.

14.
해설

제 책가방은 열람실에 있습니다.
'在' 는 어떤 물건이나 사람이 어떤 장소에 존재하고 있다는 것을 나타낸다.

15.
해설

이번 주 일요일은 어린이 날입니다.
'这个星期天' 는 '이번주 일요일' 이고, '다음주 일요일' 은 '下个星期天' 이다.

第 16-25 题: 听后回答

16.　你是中国人吗?

17.　你喜不喜欢看电影?

18.　你喝过中国酒吗?

19.　你有没有哥哥?

20.　你会游泳吗?

21.　明天几点出发?

22.　你的手机是什么颜色的?

23.　你在哪儿吃午饭?

24.　你学英语多长时间了?

25.　这件衣服怎么样?

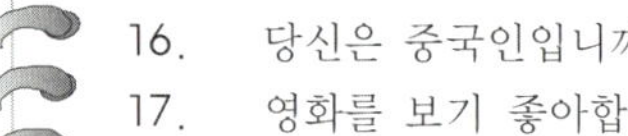

16.	당신은 중국인입니까?	21.	내일 몇 시에 출발합니까?
17.	영화를 보기 좋아합니까?	22.	당신의 핸드폰은 무슨 색입니까?
18.	중국 술을 드셔본 적이 있습니까?	23.	당신은 어디에서 점심을 드십니까?
19.	당신은 오빠(형)가 있습니까?	24.	당신은 영어를 배운 지 얼마나 되셨습니까?
20.	수영을 할 줄 아십니까?	25.	이 옷은 어떻습니까?

16.	我不是中国人。
해설	'吗, …까?'로 구성된 의문문은 '吗'를 빼면 긍정문이 된다. 그리고 '是'의 부정은 '不是'이다.

17.	我喜欢看电影。
해설	'喜欢…吗?'와 '喜不喜欢…?'은 모두 '…을 좋아해?'라는 뜻을 나타낸다. 부정은 '不喜欢'이다. 참고로 2음절 동사의 정반의문문은 'A不AB'의 형식을 취한다. 예) '休不休息' 쉴겁니까?

18.	我喝过中国酒。
해설	'동사+过'의 형식은 '~을 해본 적이 있다'라는 뜻을 나타내며, 부정은 '没+동사+过'이며, 의문문은 문미에 '吗'를 붙이면 되고, 긍정형은 '吗'를 빼면 된다.

19.	我有哥哥。
해설	'有'는 소유를 나타내고, '在'는 존재를 나타낸다. 그리고 '有'의 부정은 '没有'이며, 의문문은 '有没有…?'와 '有…吗?'의 두 가지 형식이 있다.

20.	我会游泳。
해설	'会'는 조동사이기 때문에 다른 동사 앞에 와야 한다. '会'의 부정은 '不会'이며, 의문문은 '会不会…?'와 '会…吗?'의 두 가지 형식이 있다.

21.	明天八点出发。
해설	이 문장은 주어가 생략된 것이다.

22.	我的手机是黑色的。
해설	'黑色的'은 '黑色的手机'의 줄임말이다.

23.	我在学校食堂吃午饭。
해설	전치사 '在, ~에서'는 '学校食堂'와 함께 부사어로 쓰인 것이다. 그리고 '哪儿'로 구성된 의문문은 '哪儿'에 해당되는 단어로 대체하여 대답하면 된다.

24.	我学英语六年了。
해설	여기서 '了'는 동작의 완료를 나타내는 것이 아니라 '~되었다'라는 뜻으로 변화를 나타낸다.

25.	这件衣服很好看。
해설	'~怎么样?'으로 구성된 의문문은 '怎么样'에 해당되는 단어로 대체하여 대답하면 된다.

16.	저는 중국인이 아닙니다.	21.	내일 8시에 출발합니다.
17.	저는 영화 보는 것을 좋아합니다.	22.	제 핸드폰은 검은 색입니다.
18.	저는 중국 술을 마셔본 적이 있습니다.	23.	저는 학교 식당에서 점심을 먹습니다.
19.	저는 오빠(형)가 있습니다.	24.	저는 영어를 배운지 6년 되었습니다.
20.	저는 수영을 할 줄 압니다.	25.	이 옷은 예쁩니다.

第 26-27题: 回答问题

26

Qǐng nǐ jièshào yíxià nǐ de jiārén.
请 你 介绍 一下 你 的 家人。(1.5分钟)

당신의 가족을 소개해 보세요.

참고답안

我家有四口人，爱人、两个孩子和我。我今年32岁，在贸易公司工作，我爱人今年28岁，在银行工作。我女儿今年两岁了，会叫"爸爸"、"妈妈"，非常可爱，儿子刚满一周岁，还不会走路。因为我和爱人都工作，没办法只好让我妈妈看孩子，现在孩子们已经习惯了白天跟奶奶玩儿，晚上跟爸爸、妈妈玩儿，所以我和爱人可以专心工作了。

어휘

贸易 màoyì 무역 | 可爱 kě'ài 귀엽다 | 满 mǎn 정한 기한이 다 되다 〔차다〕 | 周岁 zhōusuì 만 한 살 | 没办法 méibànfǎ 방법이 없어 | 只好 zhǐhǎo 어쩔 수 없이 | 看孩子 kānháizi 아이를 돌보다 | 白天 báitiān 낮 | 专心 zhuānxīn 전념하다

번역

저희 집은 4식구입니다. 부인, 두 아이 그리고 저입니다. 저는 올해 32살이고, 무역회사에서 근무하며, 제 부인은 올해 28살이며, 은행에서 근무합니다. 제 딸은 올해 두 살이며, '아빠', '엄마' 라고 부를 줄 아는데 너무 귀엽습니다. 아들은 막 1살이 되었는데 아직 걸을 줄 모릅니다. 저와 제 부인은 모두 일을 하기 때문에 어쩔 수 없이 저희 어머님께서 아이를 돌봐 주시고 계십니다. 지금은 아이들이 낮에는 할머니와 함께 놀고, 저녁에는 아빠, 엄마와 함께 노는 것에 이미 익숙해져, 저와 제 부인은 일에 전념할 수 있게 되었습니다.

해설

⊙ 우선, 준비시간을 충분히 활용하여, 완성된 문장 2~3개를 쓴다.
⊙ 그 다음 나이, 시간 등 숫자와 관련된 내용은 간단하게 적는다.
⊙ 마지막으로 메모한 내용을 보고 한 번 이야기를 해본다.
⊙ 정식으로 녹음을 시작할 땐, 큰 소리고 자신감 있게 말한다.

※ 주의 대답 할 때 반드시 자신의 실제상황이 아니라도 상관없으니 본인이 이미 알고 있는 완성된 문장으로 말하는 것이 고득점을 얻을 수 있는 방법 중의 하나이다.

27

Nǐ jiā fùjìn shēnghuó huánjìng zěnmeyàng?
你 家 附近 生活 环境 怎么样? (1.5分钟)

당신의 집 근처의 생활여건은 어떻습니까?

참고 답안

我住在永登浦区新道林洞，我家附近生活环境很好。首先，交通非常方便，有 1 号地铁和 2 号地铁，还有很多公共汽车站，另外离永登浦火车站也很近。其次，公共设施也很齐全，有乐天百货商店、新世界百货商店，还有 24 小时营业的大型超市 HOME PLUS。另外，还有银行、医院、健身房、公园儿等。但也有不足之处：那就是我家附近公寓价格比较高，路比较窄，停车也不太方便。

어휘

环境 huánjìng 환경 | 首先 shǒuxiān 우선 | 另外 lìngwài 그 밖에 | 其次 qícì 그 다음 | 设施 shèshī 시설 | 齐全 qíquán 완비하다 | 健身房 jiànshēnfáng 헬스클럽 | 不足之处 bùzúzhìchù 결점 | 公寓 gōngyù 아파트 | 窄 zhǎi 좁다

번역

저는 영등포구 신도림동에 살고 있으며 저희 집 근처의 생활여건은 매우 좋습니다. 우선 교통이 매우 편리합니다. 지하철 1호선과 2호선이 있으며 버스 정류장도 많습니다. 그 외에 영등포 기차역에서도 매우 가깝습니다. 또한 공공시설도 잘 갖추어져 있습니다. 롯데 백화점, 신세계 백화점, 그리고 24시 대형 슈퍼마켓인 홈플러스가 있을 뿐만 아니라 은행, 병원, 헬스장, 공원 등도 있습니다. 하지만 부족한 점도 있습니다. 그것은 저희 집 근처 아파트 값이 비교적 비싸고 길이 비교적 좁아 주차하기가 그다지 편리하지 않다는 것입니다.

해설

문제에 답할 때 조리 있게 말해야만 시험관에게 좋은 인상을 줄 수 있다. 이 문제 같은 경우 자신의 집 근처의 생활여건을 설명할 때 '首先… 其次… 最后…, 우선 … 그 다음… 마지막으로…'의 문형을 이용하면 듣는 사람이 이해하기가 훨씬 쉬어진다. 그리고 1.5분 동안 말해야 하는데 할 말이 없을 경우, 비슷한 말을 많이 열거해도 무관하다. 예컨대
我家附近有1号地铁、2号地铁，3号地铁、4号铁铁和5号地铁。
我家附近有乐天百货商店、新世界百货商店、新罗免税点和东亚免税点。

※ 주의 지명, 지하철역명, 백화점명 등은 모두 한국어로 말하는 것보다 중국어로 말하는 것이 훨씬 좋다.

신HSK 회화 초급 공략
실전 모의고사
2회 정답 및 해설

第 1-15题： 听后重复

1. 我这本书二十八块钱。

2. 他喜欢吃面条。

3. 这个手机不是我的。

4. 明天我想去买衣服。

5. 我不会做饭。

6. 我有两个姐姐。

7. 我家在火车站附近。

8. 每天上午八点上课。

9. 我们一起去吃饭吧。

10. 现在八点半。

11. 你跳舞跳得真好！

12. 昨天晚上我没看电视。

13. 我们学校已经放假了。

14. 她正在听音乐。

15. 我不知道他家在哪儿。

1.	이 책은 28위안입니다.
해설	여기서 술어는 '二十八块钱'이다. 이와 같이 술어가 수량사일 경우 '是'를 쓰면 안 된다.
2.	그는 국수를 좋아합니다.
해설	이 문장에서 '吃'가 없으면 약간 어색한 표현이 될 수 있다.
3.	이 핸드폰은 제 것이 아닙니다.
해설	'我的, 내 것'와 같이 모든 품사 뒤에 '的'를 붙이면 명사로 변한다.
	예) '吃的, 먹을 것', '大的, 큰 것', '老师的, 선생님 것'
4.	내일 저는 옷을 사러 가려고 합니다.
해설	'想'은 조동사이기 때문에 '去' 앞에 와야 하며, '去'와 '买'의 순서는 동작 발생순이다.
5.	저는 밥을 할 줄 모릅니다.
해설	조동사 '会'의 부정은 '不会'이다.
6.	저는 언니(누나)가 두 명 있습니다.
해설	'有'는 소유를 나타내며, '有'의 부정은 '没有'이다.
7.	저희 집은 기차역 근처에 있습니다.
해설	'在'는 존재를 나타내며, 뒤에는 반드시 장소를 나타내는 명사가 와야 한다.
8.	매일 오전 8시에 수업합니다.
해설	이 문장은 주어가 생략된 것이다.
9.	우리 함께 식사하러 갑시다.
해설	중국어에서 부사는 주어 뒤에 와야 한다. 여기서 '一起'는 부사이기 때문에 주어 뒤에 온 것이다.
10.	지금은 8시반입니다.
해설	여기서 술어는 '八点半'이다. 이와 같이 술어가 수량사일 경우 '是'를 쓰면 안 된다.
11.	당신은 춤을 정말 잘 추시네요!
해설	정도보어는 '동사 + 得 + 정도보어'의 형식을 취한다. 정도보어는 일반적으로 형용사인 경우가 많다.
12.	어제 저녁에 저는 TV를 보지 않았습니다.
해설	'看电视了'의 부정은 '没看电视'이다.
13.	우리 학교는 이미 방학을 했습니다.
해설	'已经'은 부사이기 때문에 주어 뒤에 온 것이고, '了'는 문미에 쓰여 완료를 나타낸다.
14.	그녀는 음악을 듣고 있습니다.
해설	'正在'은 동사 앞에 와서 동작의 진행을 나타낸다. 즉 '正在 + 동사'의 형식을 취한다.
15.	저는 그의 집이 어디에 있는지 모릅니다.
해설	'他家在哪儿'은 의문을 나타내는 것이 아니라 '知道'의 목적어이다.

第 16-25题：听后回答

16.　你每天几点起床?

17.　你打算什么时候去中国出差?

18.　你最喜欢什么运动?

19.　你每天睡几个小时觉?

20.　你的手机是什么时候买的?

21.　今天晚上你做什么?

22.　你吃过北京烤鸭吗?

23.　你想当老师吗?

24.　你会做菜吗?

25.　你参加工作几年了?

해석

16. 매일 몇 시에 일어납니까?	21. 오늘 저녁에 무엇을 하실겁니까?
17. 언제 중국에 출장 갈 예정입니까?	22. 베이징 오리구이를 드셔본 적이 있습니까?
18. 당신은 어떤 운동을 가장 좋아합니까?	23. 선생님이 되고 싶습니까?
19. 매일 몇 시간 주무십니까?	24. 요리를 할 줄 아십니까?
20. 당신의 핸드폰은 언제 산 것입니까?	25. 직장 다니신 지 몇 년 되셨습니까?

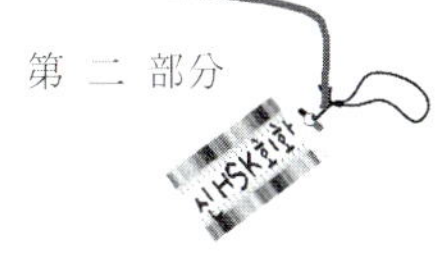

16.	我每天六点起床。
해설	'几' 를 사용한 의문문은 '几' 에 해당되는 수량사로 대체하여 대답하면 된다.
17.	我打算下星期一去中国出差。
해설	'星期一去中国出差' 은 '打算' 의 목적이며, '星期一' 는 '打算' 뒤에 와야 한다.
18.	我最喜欢打乒乓球。
해설	'什么' 를 사용한 의문문은 '什么' 에 해당되는 단어로 대체하여 대답하면 된다.
19.	我每天睡六个小时觉。
해설	'睡' 은 동사이고, '觉' 은 명사이다. 그리고 '6시간 잠자다' 는 '睡六个小时觉' 라고 해야 한다.
20.	我的手机是去年买的。
해설	과거 어떤 동작이 발생한 시간을 언급할 때는 '了' 로 표현하지 않고 '是…的' 로 표현한다.
21.	今天晚上我想去喝酒。
해설	'今天晚上' 은 시간명사이기 때문에 주어 앞이나 뒤에 모두 올 수 있다. '想' 은 조동사이다.
22.	我吃过北京烤鸭。
해설	'동사 + 过' 형식의 의문문은 문미에 '吗' 를 붙이면 되고, 긍정형은 '吗' 를 빼면 된다.
23.	我不想当老师。
해설	'吗, …까' 로 구성된 의문문은 '吗' 를 빼면 긍정문이 된다. 그리고 '想' 의 부정은 '不想' 이다.
24.	我不会做菜。
해설	조동사 '会' 의 부정은 '不会' 이다.
25.	我参加工作五年了。
해설	여기서 '了' 는 문미에 쓰여 변화를 나타낸다. 예를 들면 '冷了, 추워졌다' , '有了, 생겼다'

16.	저는 매일 6시에 일어납니다.	21.	오늘 저녁에 술 마시러 가려고 합니다.
17.	다음주 월요일에 중국에 출장 갈 예정입니다.	22.	저는 베이징 오리구이를 먹어본 적이 있습니다.
18.	저는 탁구를 가장 좋아합니다.	23.	저는 선생님이 되고 싶지 않습니다.
19.	저는 매일 6시간 잡니다.	24.	저는 요리를 할 줄 모릅니다.
20.	제 핸드폰은 작년에 산 것입니다.	25.	저는 직장 다닌 지 5년 되었습니다.

第 26-27题: 回答问题

26

Nǐ juéde xuéxí Hànyǔ yǒuyìsi ma?
你 觉得 学习 汉语 有意思 吗? (1.5分钟)
중국어공부가 재미있다고 생각합니까?

**참고
답안**
　　我觉得学习汉语很有意思，因为在上学的时候，我学过汉字，所以学习汉语的时候一点儿也不觉得陌生。我才学了一年汉语，但我的汉语水平比英语好得多，现在我不仅能看懂中文报纸，而且还能跟中国人进行简单的对话，我觉得学汉语比学英语有意思，以后有机会的话，我一定要去中国旅游。

어휘　陌生 mòshēng 낯설다 | 才 cái 겨우 | 水平 shuǐpíng 수준 | 看懂 kàndǒng 알아보다, 이해하다 | 报纸 bàozhǐ 신문 | 对话 duìhuà 대화

번역　저는 중국어공부가 아주 재미있다고 생각합니다. 학교 다닐 때 한자를 배운 적이 있기 때문에 중국어를 배울 때 전혀 낯설지 않았습니다. 저는 중국어를 겨우 1년 배웠지만, 제 중국어 수준은 영어보다 훨씬 좋습니다. 지금 저는 중국어신문을 볼 수 있을 뿐만 아니라, 중국인과 간단한 대화도 할 수 있습니다. 저는 중국어공부가 영어보다 재미있다고 생각하며, 나중에 기회가 있으면 꼭 중국에 여행갈 것입니다.

해설　이 부분의 문제 같은 경우, 제한시간은 1.5분이고, 최소한 5문장 이상을 말해야 한다. 물론 1.5분을 채우면 좋겠지만, 대답할 때 틀린 문장이 많으면 안 하기보다 못하다. 때문에 자신 있는 문장을 간략하게 말하는 것이 점수를 올릴 수 있는 방법 중의 하나라고 할 수 있다.

27

Nǐ xǐhuan yùndòng ma? Wèishénme?
你 喜欢 运动 吗? 为什么? （1.5分钟）
당신은 운동을 좋아합니까? 이유는?

**참고
답안**

　　我很喜欢运动，我会游泳、打乒乓球、踢足球和滑雪，其中我最喜欢的是滑雪，我参加了一个滑雪社团，每年冬天我都会陶醉在雪的世界里。除了冬天以外，我一般每个周末都去游泳或者打乒乓球，我的朋友跟我开玩笑说："你真是个运动狂！"我觉得运动不仅对身体好，而且还可以结交很多朋友。

어휘

滑雪 huáxuě 스키를 타다 | 其中 qízhōng 그 중에 | 社团 shètuán 동아리 | 陶醉 táozuì 도취하다 | 除了…以外 chúle…yǐwài …말고 | 运动狂 yùndòngkuáng 운동 마니아 | 结交 jiéjiāo 사귀다

번역

　　저는 운동을 아주 좋아하며, 수영, 탁구, 축구와 스키를 할 줄 압니다. 그 중에 가장 좋아하는 것은 스키입니다. 저는 스키 동아리에 가입했는데, 매년 겨울에 눈의 세계에 빠져 있습니다. 겨울을 제외하고, 저는 보통 주말마다 수영을 하지 않으면 탁구를 칩니다. 제 친구들은 농담으로 저에게 '넌 정말 운동 마니아로구나!' 라고 합니다. 저는 운동이 건강에 좋을 뿐만 아니라 많은 친구를 사귈 수 있다고 생각합니다.

해설

　　'~을 좋아합니까?' 이러한 문제의 접근 방법은 자신이 좋아하든 좋아하지 않든, 대답하기 쉬운 쪽을 선택하는 것이 훨씬 유리하다. 이 문제 같은 경우 운동을 좋아한다고 이야기하고, 이미 알고 있는 운동 관련 단어를 충분히 활용하여, 구체적으로 어떤 운동을 할 줄 알고, 그 중 가장 좋아하는 운동은 어떤 것이며, 또 운동을 좋아하는 이유도 함께 설명하면 된다.

신HSK 회화 초급 공략
실전 모의고사
3회 정답 및 해설

第 1-15题：听后重复

1. 我爸爸在银行工作。

2. 我不要咖啡。

3. 她很喜欢跳舞。

4. 下午四点半放学。

5. 下午我想去超市。

6. 在这里不可以抽烟。

7. 这不是我的汽车。

8. 我是坐飞机来的。

9. 我在找我的钥匙。

10. 她坐在我左边。

11. 最近我工作很忙。

12. 我家离地铁站很近。

13. 现在八点二十分。

14. 星期三下午我们考试。

15. 我要明天早上六点的火车票。

1. 저희 아버님은 은행에서 근무하십니다.
해설　'在银行' 은 부사어이다. 전치사 '在' 는 뒤에 장소가 와서 부사어로 쓰일 수 있다.

2. 저는 커피를 원하지 않습니다.
해설　'要, ~을 원하다' 는 조동사이기 때문에 부정은 '不要' 이다.

3. 그녀는 춤추는 것을 아주 좋아합니다.
해설　'喜欢' 은 심리동사이기 때문에 '很' 의 수식을 받을 수 있다.

4. 오후 4시 반에 하교합니다.
해설　이 문장에서 주어가 생략되었기 때문에 시간명사 '下午四点半' 이 동사 앞에 온 것이다.

5. 오후에 마트에 가려고 합니다.
해설　'下午' 은 시간명사이기 때문에 주어 앞에 와도 되고 주어 뒤에 와도 된다.

6. 여기에서 담배를 피우시면 안 됩니다.
해설　'可以' 은 조동사이기 때문에 부정은 '不可以' 이다. 여기서 '可以' 은 허락을 나타낸다.

7. 이것은 제 차가 아닙니다.
해설　'是' 의 부정은 '不是' 이다.

8. 저는 비행기를 타고 왔습니다.
해설　'了' 는 과거 동작의 완료만 나타낼 수 있고, 그 동작이 발생한 시간·장소·행위의 방식 등은 '是……的' 구문으로 표현해야 한다. 예컨대 '새 옷을 샀습니다' 라는 표현은 '我买新衣服了' 라고 하면 되고, 언제·어디에서·어떻게·얼마를 주고·누구와 함께 샀는지 등 표현은 '是……的' 구문을 사용해야 한다.

9. 키를 찾고 있습니다.
해설　'正(在)' 는 동사 앞에 와서 동작의 진행을 나타낸다. 즉 '正(在) + 동사' 의 형식을 취한다.

10. 그녀는 제 왼쪽에 앉았습니다.
해설　'~에 앉다' 라는 표현은 '坐在 + 장소' 의 형식을 취한다.

11. 요즘 제가 일이 바쁩니다.
해설　'最近' 은 시간명사이기 때문에 주어 앞이나 뒤에 모두 올 수 있다.

12. 저희 집은 지하철역에서 가깝습니다.
해설　'장소 + 离 + 장소' 의 형식은 '~에서~까지' 란 뜻을 나타낸다.

13. 지금은 8시 20분입니다.
해설　여기서 술어는 '八点二十分' 이다. 이와 같이 술어가 수량사일 경우 '是' 를 쓰면 안 된다.

14. 우리는 수요일 오후에 시험을 봅니다.
해설　'星期三下午' 은 시간명사이기 때문에 주어 앞이나 뒤에 모두 올 수 있다.

15. 내일 아침 6시 기차표를 주세요.
해설　'明天早上六点' 은 '火车票' 의 한정어이다.

第 16-25题：听后回答

16. 你有汽车吗?

17. 你爸爸是公务员吗?

18. 你想学什么?

19. 我很喜欢运动, 你呢?

20. 你去过美国吗?

21. 那里的风景怎么样?

22. 去百货商店怎么走?

23. 明天你能来吗?

24. 你每天晚上几点睡觉?

25. 昨天晚上你看电视了吗?

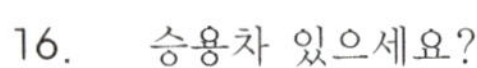

16.	승용차 있으세요?	21.	그곳의 경치는 어떻습니까?
17.	당신의 아버님은 공무원이십니까?	22.	백화점에 가려면 어떻게 가야 합니까?
18.	무엇을 배우고 싶습니까?	23.	내일 오실 수 있습니까?
19.	저는 운동을 아주 좋아 합니다. 당신은요?	24.	매일 저녁 몇 시에 주무십니까?
20.	미국에 가본 적이 있으십니까?	25.	어제 저녁에 TV를 보셨습니까?

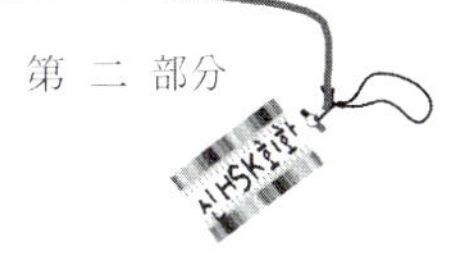

| 16. | 我没有汽车。 |
| 해설 | '吗, …까?' 로 구성된 의문문은 '吗' 를 빼면 긍정문이 된다. '有' 의 부정은 '没有' 이다. |

| 17. | 我爸爸不是公务员。 |
| 해설 | '吗, …까?' 로 구성된 의문문은 '吗' 를 빼면 긍정문이 된다. '是' 의 부정은 '不是' 이다. |

| 18. | 我想学游泳。 |
| 해설 | '什么' 를 사용한 의문문은 '什么' 에 해당되는 단어로 대체하여 대답하면 된다. |

| 19. | 我不喜欢运动。 |
| 해설 | '呢,~ 은요' 은 앞에서 언급한 내용을 가리킨다. |

| 20. | 我没去过美国。 |
| 해설 | '동사+过' 형식의 부정은 '没+동사+过' 이며, 의문문은 문미에 '吗' 를 붙이면 된다. |

| 21. | 那里的风景非常漂亮。 |
| 해설 | '怎么样' 을 사용한 의문문은 '怎么样' 에 해당되는 단어로 대체하여 대답하면 된다. |

| 22. | 一直往前走，然后再往右拐。 |
| 해설 | '往, …쪽으로' 는 전치사이며, 뒤에 방향을 나타내는 명사가 와야 한다. |

| 23. | 明天我能去。 |
| 해설 | 조동사 '能' 은 '…할 수 있다' 라는 뜻으로 가능성을 나타낸다. |

| 24. | 我每天晚上十二点睡觉。 |
| 해설 | '几' 를 사용한 의문문은 '几' 에 해당되는 수량사로 대체하여 대답하면 된다. |

| 25. | 昨天晚上我没看电视。 |
| 해설 | '看电视了吗?' 의 부정은 '没看电视' 이다. 주의할 점은 '了' 를 빼야 한다는 것이다. |

16.	저는 승용차가 없습니다.	21.	그곳의 경치는 아주 아름답습니다.
17.	저희 아버님은 공무원이 아닙니다.	22.	곧장 앞으로 가다가 우회전 하세요.
18.	저는 수영을 배우고 싶습니다.	23.	내일 갈 수 있습니다.
19.	저는 운동을 좋아하지 않습니다.	24.	저는 매일 저녁 12시에 잡니다.
20.	저는 미국에 가본 적이 없습니다.	25.	어제 저녁에 TV를 보지 않았습니다.

第 26-27题: 回答问题

26

Qǐng nǐ jièshào yíxia nǐ de yì tiān.
请 你 介绍 一下 你 的 一 天。(1.5分钟)
당신의 하루 일과를 소개 하시오.

참고 답안

我每天早上差五分六点起床，先洗脸、刷牙，然后吃早饭，早饭一般是面包和牛奶。我家离地铁站很近，所以我一般坐地铁上班，到公司以后我先确认一下电子邮件，然后开始日常的工作。我们公司午休时间是从十二点到一点，午饭有时在公司的食堂吃，有时去外边的饭店吃，晚上五点下班。回家以后，先洗澡，然后吃饭，吃完饭以后，再看会儿电视，大概十二点睡觉。

어휘 差 chà 부족하다 | 洗脸 xǐliǎn 세수하다 | 刷牙 shuāyá 이를 닦다 | 确认 quèrèn 확인하다 | 电子邮件 diànzǐyóujiàn 이메일 | 日常 rìcháng 일상적인 | 午休 wǔxiū 점심 휴식을 취하다 | 从…到… cóng… dào… …부터…까지 | 洗澡 xǐzǎo 몸을 씻다

번역 저는 매일 아침 5분전 6시에 일어납니다. 먼저 세수하고 이를 닦습니다. 그리고 아침식사를 합니다. 아침식사는 보통 빵과 우유입니다. 저희 집은 지하철역에서 가깝기 때문에 보통 지하철을 타고 출근합니다. 회사에 도착해서 우선 이메일을 확인한 다음 일상적인 업무를 시작합니다. 저희 회사의 점심시간은 12시에서 오후 1시까지 입니다. 점심 식사는 때로는 회사 구내식당에서 먹고 때로는 밖의 식당에 가서 먹습니다. 퇴근은 저녁 5시입니다. 집에 돌아와서는 먼저 샤워를 하고 그리고 나서 저녁식사를 합니다. 그 다음 TV를 좀 보다가 12시쯤에 잡니다.

해설 어떤 일의 과정을 설명할 때, '先…然后…, 먼저…을 하고, 그 다음…을 하다' 의 문형을 이용한다. 주의할 점은 '先' 이 주어 뒤에 오고, '然后' 가 주어 앞에 온다는 것이다. 예컨대
我们先去商店，然后去书店。 먼저 상점에 가고, 그 다음 서점에 간다.
你先听我说，然后你再说，好吗? 우선 제 말을 들은 다음 당신이 말하면 안 될까요?

27

Nǐ　yìbān　zěnme　guò　zhōumò?
你　一般　怎么　过　周末? (1.5分钟)

당신은 주말을 보통 어떻게 보냅니까?

참고 답안

　　因为我的工作性质，我整天呆在办公室里，所以一到周末，我非常希望能到外边放松一下，可是到了周末又很难受，主要是不知道该玩儿什么好。原来还有几个朋友经常一起出去玩儿，可是现在他们都结婚了，所以不敢去找他们玩了，想找女同学玩儿，可是女同学都有男朋友了，也不好意思去打扰。偶尔周末自己去看看电影，不过觉得很无聊，如果有女朋友的话，那该多好啊！但愿那一天能早日到来。

어휘

性质 xìngzhì 성질 | 整天 zhěngtiān 종일 | 呆 dāi 머물다, 있다, 지내다 | 放松 fàngsōng 정신적 긴장을 풀다 | 难受 nánshòu 괴롭다 | 不敢 bùgǎn 감히 …하지 못하다 | 打扰 dǎrǎo 방해하다 | 偶尔 ǒu'ěr 간혹 | 无聊 wúliáo 따분하다 | 但愿 dànyuàn …을〔를〕 원하다 | 早日 zǎorì 조기 | 到来 dàolái 도래하다

번역

　　나는 직업상 하루 종일 사무실에 있어야 하기 때문에 주말이 되면 밖에 나가서 여유를 갖고 싶다. 그러나 주말이 되면 또 매우 괴롭기만하다. 무엇을 해야 할지 모르겠다. 본래 몇몇 친구와 늘 함께 놀러나갔지만 지금은 그들이 모두 결혼했기 때문에 감히 그들을 불러 함께 놀 수도 없다. 여자 동창들을 찾아가 놀려고 해도 모두 남자 친구가 있어 그들을 방해하기가 미안하다. 간혹 혼자서 주말에 영화 보러 가지만 너무 무료하다. 여자 친구가 있다면 얼마나 좋을까! 그 날이 빨리 오기를 기대해 본다.

해설

서술할 때 수준 있는 문장을 만들려면 접속사를 잘 사용해야 한다. 회화에서 쉽고 간단하게 사용할 수 있는 접속사를 공부해 보자.

因为…所以… : ‘因为’ 뒤에는 원인이 오고, ‘所以’ 뒤에는 그 원인으로 인한 결과가 온다.

因为路上堵车，所以开会迟到了。 도로에 차가 막혀서 회의에 늦었다.

如果…(的话) : 어떤 상황을 가정할 때 사용한다. 이러한 가정은 실현가능여부와는 상관없다.

如果明天不下雨的话，那我们就去登山。 내일 비가 안 오면 등산하러 간다.

신HSK 회화 초급 공략
실전 모의고사
4회 정답 및 해설

第 1-15题: 听后重复

1. 我今年二十八岁了。

2. 我想买一本汉语书。

3. 我们一起去吃饭吧。

4. 我家附近没有地铁站。

5. 今天比昨天冷。

6. 昨天晚上我没睡觉。

7. 我已经告诉他了。

8. 学习汉语很有意思。

9. 最近我爸爸身体不太好。

10. 你说得太快了。

11. 一会儿我去市场买菜。

12. 我每天坐公交车上班。

13. 我是从美国来的。

14. 晚上我给你打电话。

15. 我大概半个小时以后能到。

1. 저는 올해 28살입니다.
해설 여기서 술어는 '二十八岁' 이다. 이와 같이 술어가 수량사일 경우 '是' 를 쓰면 안 된다.

2. 중국어책을 한 권 사려고 합니다.
해설 '想' 은 조동사이기 때문에 일반동사 '买' 앞에 온 것이다. 책의 양사는 '本' 이다.

3. 우리 같이 식사하러 갑시다.
해설 '一起' 는 부사이기 때문에 주어 뒤에 왔고, 동사 '去' 와 '吃饭' 의 어순은 동작 발생순이다.

4. 저희 집 근처에는 지하철역이 없습니다.
해설 '有' 의 부정은 '没有' 이다.

5. 오늘은 어제보다 춥습니다.
해설 비교문의 형식은 'A 比 B + 비교의 결과' 이다. 부정형식은 'A 没有 B + 비교의 결과' 이다.

6. 어제 저녁에 잠을 안 잤습니다.
해설 '睡觉了' 의 부정은 '没睡觉' 이다. 주의할 점은 '了' 가 없다는 것이다.

7. 제가 이미 그에게 알려줬습니다.
해설 '已经' 은 부사이기 때문에 주어 뒤에 온 것이다. '그에게 알려주다' 는 '告诉他' 로 표현한다.

8. 중국어공부가 아주 재미있습니다.
해설 여기서 주어는 동사와 목적어로 구성된 동목구조 즉 '学习汉语' 이다.

9. 최근 저희 아버님은 건강이 그다지 좋지 않습니다.
해설 '最近' 은 시간명사이기 때문에 주어 앞이나 뒤에 모두 올 수 있다.

10. 당신은 말을 너무 빨리 합니다.
해설 정도보어는 '동사 + 得 + 정도보어' 의 형식을 취한다. 이 문장에서는 '太快了' 가 해당된다.

11. 저는 좀 있다가 시장에 채소를 사러 갈 겁니다.
해설 문장에서 동사가 두 개 이상일 경우 어순은 동작 발생순이다. 때문에 이 문장에서 '去' 가 '买菜' 앞에 온 것이다.

12. 저는 매일 버스를 타고 출근합니다.
해설 '坐公交车' 는 행위의 방식을 나타내며, 문장에서 부사어 역할을 하고 있다.

13. 저는 미국에서 왔습니다.
해설 '了' 는 과거 동작의 완료만 나타낼 수 있고, 그 동작이 발생한 시간·장소·행위의 방식 등은 '是……的' 구문으로 표현해야 한다. 예컨대 '새 옷을 샀습니다' 라는 표현은 '我买新衣服了' 라고 하면 되고, 언제·어디에서·어떻게·얼마를 주고·누구와 함께 샀는지 등 표현은 '是……的' 구문을 사용해야 한다.

14. 저녁에 제가 전화를 드릴게요.
해설 '~에게 전화를 하다' 는 '给 + 사람 + 打电话' 의 형식을 취해야 한다.

15. 제가 대략 30분 후에 도착할 수 있을 것 같습니다.
해설 '大概, 대략' 은 부사이고, '能' 은 '~할 수 있다' 라는 뜻으로 가능성을 나타낸다.

第 16-25题: 听后回答

16. 这本书是你的吗?

17. 你家在哪儿?

18. 你能不能帮我抬一下行李?

19. 你有什么爱好?

20. 你觉得这件衣服怎么样?

21. 你学过日语吗?

22. 你感冒几天了?

23. 你喜欢帮助别人吗?

24. 你是怎么来的?

25. 这个星期六我们要去登山, 你去不去?

해석

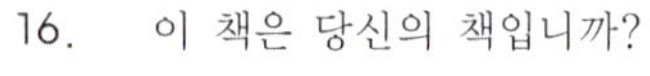

16.	이 책은 당신의 책입니까?	21.	일본어를 배워본 적이 있습니까?
17.	당신의 집은 어디에 있습니까?	22.	감기에 걸린 지 며칠 되셨습니까?
18.	짐을 좀 들어주실 수 있습니까?	23.	남을 돕는 것을 좋아합니까?
19.	당신은 어떤 취미가 있습니까?	24.	당신은 어떻게 오셨습니까?
20.	이 옷이 어떻습니까?	25.	이번 주 토요일에 우리 등산하러 가는데, 가실래요?

| 16. | 这本书是我的。 |
| 해설 | '吗, …까?' 로 구성된 의문문은 '吗' 를 빼면 긍정문이 된다. 我的 은 '나의 것' 이라는 뜻이다. |

| 17. | 我家在汝夷岛。 |
| 해설 | '哪儿' 를 사용한 의문문은 '哪儿' 에 해당되는 단어로 대체하여 대답하면 된다. |

| 18. | 当然可以。 |
| 해설 | '帮 + 사람 + 동사' 의 형식은 '누구를 도와서 ~을 하다' 라는 뜻을 나타낸다. |

| 19. | 我喜欢滑雪。 |
| 해설 | '爱好' 는 '취미, 좋아하다' 란 뜻으로 발음은 'àihào' 이다. |

| 20. | 我觉得这件衣服很漂亮。 |
| 해설 | '怎么样' 을 사용한 의문문은 '怎么样' 에 해당되는 단어로 대체하여 대답하면 된다. |

| 21. | 我学过日语。 |
| 해설 | '동사 + 过' 형식의 의문문은 문미에 '吗' 를 붙이면 되고, 긍정형은 '吗' 를 빼면 된다. |

| 22. | 我感冒三天了。 |
| 해설 | 여기서 '了' 는 완료를 나타내는 것이 아니라 변화를 나타낸다. '三天了' 는 '3일 되었다' 란 뜻이다. |

| 23. | 我喜欢帮助别人。 |
| 해설 | '吗, …까?' 로 구성된 의문문은 '吗' 를 빼면 긍정문이 된다. ' |

| 24. | 我是骑自行车来的。 |
| 해설 | 과거에 어떤 동작이 발생했다는 전제하에서 그 동작과 관련된 행위의 방식을 언급할 때는 '了' 로 표현하지 않고 '是…的' 로 표현해야 한다. |

| 25. | 不好意思，周六我想在家里休息。 |
| 해설 | 여기서 '在家里' 은 '집에서' 란 뜻으로 부사어로 쓰인 것이다. |

16.	이 책은 제 책입니다.	21.	저는 일본어를 배워본 적이 있습니다.
17.	저희 집은 여의도에 있습니다.	22.	감기에 걸린 지 3일 되었습니다.
18.	당연히 되죠.	23.	저는 남을 돕는 것을 좋아합니다.
19.	저는 스키를 좋아합니다.	24.	저는 자전거를 타고 왔습니다.
20.	저는 이 옷이 예쁘다고 생각합니다.	25.	죄송해요. 토요일은 집에서 쉬고 싶습니다.

第 26-27题：回答问题

26

Nǐ xǐhuan qù dàxíng chāoshì mǎi dōngxi ma? Wèishénme?
你 喜欢 去 大型 超市 买 东西 吗? 为什么? (1.5分钟)
당신은 대형 마트에 가서 쇼핑하기를 좋아합니까? 이유는?

참고 답안

　　我很喜欢去大型超市买东西，因为那里的东西非常便宜，而且质量也好，特别是蔬菜和水果又新鲜又好吃。另外，那里的东西种类非常齐全，有食品、日用品、服装、家电等。去大型超市买东西很节省时间，所以，每个星期天我们全家人一起去那里买东西，有时还在那里吃饭，那里有中餐、西餐、韩国料理和日本料理，你可以随意挑选，非常方便。

어휘

质量 zhìliàng 품질 | 蔬菜 shūcài 야채 | 新鲜 xīnxiān 싱싱하다 | 种类 zhǒnglèi 종류 | 另外 lìngwài 그 밖에 | 齐全 qíquán 완비하다 | 日用品 rìyòngpǐn 일용품 | 服装 fúzhuāng 의류 | 家电 jiādiàn 가전제품 | 节省 jiéshěng 절약하다 | 料理 liàolǐ 요리 | 随意 suíyì 마음대로 | 挑选 tiāoxuǎn 고르다

번역

　　저는 대형 마트에 가서 쇼핑하는 것을 아주 좋아합니다. 그 이유는 그 곳의 물건이 저렴할 뿐만 아니라, 품질도 아주 좋기 때문입니다. 특히 야채와 과일은 싱싱하고 맛있습니다. 그리고 그 곳에는 식품, 일용품, 의류, 가전제품 등 모든 종류의 물건이 구비되어 있어 쇼핑할 때 시간을 절약할 수 있습니다. 그래서 저는 일요일마다 식구들과 함께 그 곳에 가서 쇼핑을 하며, 때로는 거기서 식사도 합니다. 그 곳에는 중국요리, 양식, 한식, 일식이 있으며 마음대로 골라 먹을 수 있어 아주 편리합니다.

해설

　　'~을 좋아합니까?' 이러한 문제의 접근방법은 자신이 좋아하든 좋아하지 않든, 대답하기 쉬운 쪽을 선택하는 것이 훨씬 유리하다. 이 문제 같은 경우 대형 마트에 가서 쇼핑하는 것을 좋아한다고 이야기하고, 그 다음 대형 마트에 쇼핑하러 가는 이유를 설명하면 된다. 서술할 때 가능한 본인의 수준에 맞게 정확하고 쉬운 문장으로 말하는 것이 좋다.

27

Chūqu lǚyóu de shíhou, nǐ yìbān zìjǐ kāichē háishi zuò huǒchē? Wèishénme?
出去 旅游 的 时候，你 一般 自己 开车 还是 坐 火车? 为什么? (1.5分钟)

여행할 때 운전해서 갑니까? 아니면 기차를 타고 갑니까? 이유는?

참고 답안

　　出去旅游的时候，我一般不开车，因为开车太累，而且路上还塞车，所以我喜欢坐火车旅行。坐火车很舒服，在火车上可以看书，也可以听音乐，还可以睡觉。可是我爱人很喜欢开车，上班的时候要开车，去买东西的时候也要开车，周末出去玩儿的时候更要开车，他说开车又方便又舒服。

어휘

旅游 lǚyóu 여행하다 | 一般 yìbān 일반적으로 | 塞车 sāichē 차가 막히다

번역

　　여행할 때, 저는 운전을 하지 않습니다. 운전을 하면 너무 피곤하고, 길은 차가 막히기 때문에 기차를 타고 여행하는 것을 좋아합니다. 기차를 타면 아주 편합니다. 기차 안에서 책을 볼 수도 있고, 음악을 들을 수도 있고, 잠도 잘 수 있습니다. 그런데 저희 남편은 운전하는 것을 아주 좋아합니다. 출근할 때 운전해서 가야하고, 쇼핑할 때도 운전해서 가야하며, 주말에 놀러 나갈 때는 더욱 운전해서 가려고 합니다. 저희 남편은 운전하는 것이 편리하고 편하다고 말합니다.

해설

어떤 일의 장점을 열거할 때 '可以…也可以…还可以…, …해도 되고 …해도 되고 또…해도 된다'의 문형을 이용하면 된다. 그리고 '上班的时候要开车，去买东西的时候也要开车，周末出去玩儿的时候更要开车'와 같이 비슷한 문장을 열거해서 말하는 것이 쉽고 정확한 표현이 될 수 있다.

신HSK 회화 초급 공략
실전 모의고사
5회 정답 및 해설

第 1-15 题: 听后重复

1.   他喜欢唱歌。

2.   今天天气很冷。

3.   我家有四口人。

4.   我家在十二楼。

5.   这是我新买的衣服。

6.   一共三十二块四。

7.   下午两点上课。

8.   爸爸给我买了一台新电脑。

9.   下午我想去医院看病。

10.   明天晚上我有个约会。

11.   请不要在这里抽烟。

12.   我的生日是五月四号。

13.   我不会开车。

14.   我们进去看看吧。

15.   我弟弟在北京上大学。

1. 그는 노래 부르는 것을 좋아합니다.
해설　'喜欢' 은 심리동사이기 때문에 일반동사 '唱歌' 앞에 쓰인 것이다.

2. 오늘은 날씨가 매우 춥습니다.
해설　여기서 '天气' 가 주어이고, '好' 가 술어이다. 즉 이 문장은 형용사 술어문이다.

3. 저희 집은 4 식구입니다.
해설　식구를 셀 때 쓰는 양사는 '口' 이다.

4. 저희 집은 12층에 있습니다.
해설　'在' 은 동사이며, '~에 있다' 란 뜻으로 존재를 나타낸다.

5. 이것은 제가 새로 산 옷입니다.
해설　'新买的' 은 한정어이고, '衣服' 은 중심어이다.

6. 모두 32원 40전입니다.
해설　'三十二块四' 는 '三十二块四毛' 즉 '32원40전' 이라는 뜻이다. 이와 같이 금전의 계산에 있어서 마지막 단위는 생략할 수 있다.

7. 오후 2시에 수업을 합니다.
해설　이 문장은 주어가 생략된 것이다.

8. 아버지는 저에게 새 컴퓨터를 한 대 사주셨습니다.
해설　'给 + 사람 + 동사' 의 형식은 '~에게 ~을 해주' 란 뜻을 나타낸다.

9. 오후에 병원에 가서 진찰을 받으려고 합니다.
해설　'想' 은 조동사이기 때문에 다른 동사 앞에 와야 하고, '去' 와 '看病' 의 어순은 동작 발생순이다.

10. 내일 저녁에 약속이 있습니다.
해설　여기서 '个' 는 원래 '一个' 인데, '一' 를 생략한 것이다.

11. 이곳에서 담배를 피우지 마세요.
해설　'请' 은 상대방이 어떤 일을 하길 바라는 의미로 '…하세요' 란 뜻을 나타낸다.

12. 제 생일은 5월 4일입니다.
해설　연월일을 이야기할 때 '号' 은 구어에 쓰이고, '日' 는 문어에서 쓰인다.

13. 저는 운전을 할 줄 모릅니다.
해설　'会' 의 부정은 '不会' 이다.

14. 우리 들어가서 봅시다.
해설　'进去, 들어가다' 는 방향보어이고, '看看' 은 동사의 중첩 형식이며 '좀 보다' 란 뜻이다.

15. 제 남동생은 베이징에서 대학을 다닙니다.
해설　전치사 '在' 은 '~에서' 란 뜻으로 '在 + 장소' 의 형식으로 부사어로 쓰인 것이다.

第 16－25题：听后回答

16.　你最近身体怎么样?

17.　明天晚上你有没有时间?

18.　你在哪儿工作?

19.　你家离火车站远不远?

20.　你住在哪儿?

21.　你喜欢看什么比赛?

22.　你带照相机了吗?

23.　你骑过马吗?

24.　周末你一般做什么?

25.　请问，现在几点?

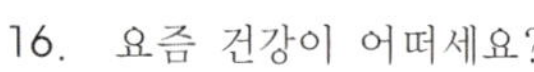

16. 요즘 건강이 어떠세요?
17. 내일 저녁에 시간 있으십니까?
18. 당신은 어디에서 근무하십니까?
19. 당신의 집은 기차역에서 멉니까?
20. 당신은 어디에서 사십니까?

21. 당신은 어떤 시합을 보기 좋아합니까?
22. 카메라를 가지고 오셨습니까?
23. 승마를 해본 적이 있습니까?
24. 주말에 보통 무엇을 하십니까?
25. 말씀 좀 여쭙겠는데요, 지금 몇 시입니까?

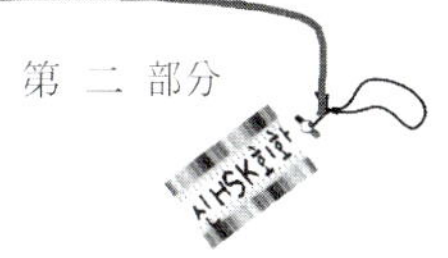

16.	最近我身体很好。
해설	'最近'은 시간명사 이기 때문에 주어 앞이나 뒤에 모두 올 수 있다.

17.	明天晚上我有时间。
해설	'有没有~?'은 '~이 있습니까?'란 뜻이며, 이에 대한 긍정형 답변은 '有~'이다.

18.	我在银行工作。
해설	'哪儿'를 사용한 의문문은 '哪儿'에 해당되는 단어로 대체하여 대답하면 된다.

19.	我家离火车站有点儿远。
해설	'离~远不远? ~에서 멉니까? '의 질문 형식에 대한 긍정형 대답은 '离~有点儿／很 + 远'이다.

20.	我住在首尔。
해설	'住在'은 '~에서 살다'란 뜻을 나타낸다.

21.	我喜欢看足球比赛。
해설	'什么'를 사용한 의문문은 '什么'에 해당되는 단어로 대체하여 대답하면 된다.

22.	我没带照相机。
해설	'带照相机了吗?'라로 질문할 때, 부정으로 대답하려면 '没带照相机'라고 해야 한다.

23.	我没骑过马。
해설	'骑过马吗?'의 부정은 '没骑过马'이다.

24.	周末我一般在家里休息。
해설	'周末'은 시간명사이기에 주어 앞에 왔고, '一般'은 부사이기 때문에 주어 뒤에 온 것이다.

25.	现在十点二十分。
해설	여기서 술어는 '十点二十分'이다. 이와 같이 술어가 수량사일 경우 '是'를 쓰면 안 된다.

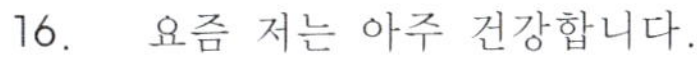

16.	요즘 저는 아주 건강합니다.	21.	저는 축구시합을 보기 좋아합니다.
17.	내일 저녁에 시간 있습니다.	22.	카메라를 가지고 오지 않았습니다.
18.	저는 은행에서 근무합니다.	23.	저는 승마를 해본 적이 없습니다.
19.	저희 집은 기차역에서 조금 멉니다.	24.	주말에 저는 보통 집에서 쉽니다.
20.	저는 서울에서 살고 있습니다.	25.	지금은 10시 20분입니다.

第 26-27题: 回答问题

26

Nǐ   xǐhuan   chī   Zhōngguó   cài   ma?
你   喜欢   吃   中国   菜   吗? (1.5分钟)
당신은 중국요리를 좋아합니까?

참고 답안

　　我很喜欢吃中国菜，中国菜虽然有点儿油腻，但是味道非常好，不仅适合中国人的口味儿，也非常适合外国人的口味，所以中国菜在世界各地都非常受欢迎。我家附近有一家中国饭店，那里的炸酱面和糖醋肉非常好吃，没时间做菜和懒得做饭的时候，我经常去那里吃饭。

어휘

油腻 yóunì 느끼하다 | 味道 wèidào 맛 | 适合 shìhé 적합하다 | 口味 kǒuwèi 입맛 | 各地 gèdì 각지 | 受欢迎 shòuhuānyíng 환영을 받다 | 炸酱面 zhájiàngmiàn 자장면 | 糖醋肉 tángcùròu 탕수육 | 懒得 lǎnde (어떤 일을) 하기 싫어하다, 귀찮아 하다

번역

　　저는 중국요리를 아주 좋아합니다. 중국요리가 비록 조금 느끼하지만, 맛이 아주 좋아 중국인 입맛에 맞을 뿐만 아니라 외국인 입맛에도 맞습니다. 때문에 중국요리는 세계 각지에서 매우 인기 있습니다. 저희 집 근처에 중국요리 집이 하나 있는데, 그 곳의 자장면과 탕수육은 아주 맛있습니다. 요리할 시간이 없거나 밥하기 싫을 때 저는 자주 그 곳에 가서 식사합니다.

해설

회화시험에서 중국, 중국요리, 중국인에 대한 견해를 언급할 때 가능한 좋은 쪽으로 말하는 것이 좋다. 그리고 출제하는 선생님들이 모두 중국현지 교수나 교사이며, HSK회화시험 대상이 세계 여러 나라 사람이 모두 있기 때문에, 시험문제는 모두 중국관련 문제들이다. 따라서 중국, 중국요리, 중국인, 중국어학습법 등 관련 문제를 미리 준비해 두는 것이 유리하다.

27

Qǐng nǐ jièshào yíxia nǐ de àihào.
请 你 介绍 一下 你 的 爱好。(1.5分钟)
당신의 취미를 소개해 보세요.

참고 답안

　　我有很多爱好，比如，运动、跳舞、画画儿、看书等，其中，我最喜欢的还是看书。

　　有一次，妈妈让我去买菜，在我去商店的路上，看见了一个书店，我就走了进去，发现里面有很多有趣的书，我忍不住看了起来，一直看到书店关门。当我从书店出来时，天已经黑了，我走在回家的路上，忽然想起买菜的事，可是商店早已关了门，我只好空手回家了。

　　看书是我最大的爱好，看书可以增长知识、开阔视野，并且还可以使我懂得很多道理，书将永远是我的老师和挚友。

어휘

有趣 yǒuqù 재미있다 | 忍不住 rěnbúzhù 참을 수 없다 | 看了起来 kànleqǐlai 보기 시작하였다 | 一直 yìzhí 계속 | 看到 kàndào 보다, 보이다 | 天 tiān 하늘, 날 | 忽然 hūrán 갑자기 | 想起 xiǎngqǐ 떠올리다 | 早已 zǎoyǐ 진작에 | 空手 kōngshǒu 빈손이다 | 增长 zēngzhǎng 향상시키다 | 开阔 kāikuò 넓히다 | 视野 shìyě 견문 | 懂得 dǒngde 알다 | 挚友 zhìyǒu 막역한 친구

번역

　　저는 취미가 많습니다. 예를 들면, 운동, 춤, 그림 그리기, 책읽기 등입니다. 그 중에서 제가 가장 좋아하는 것은 책읽기입니다.

　　한 번은 어머니가 제게 시장에 가서 채소를 사오라고 했는데, 상점으로 가는 길에 서점이 보여 안으로 들어갔습니다. 서점에는 재미있는 책들이 아주 많아 그냥 지나칠 수 없어 서점이 문 닫을 때까지 책을 보고 있었습니다. 제가 서점에서 나왔을 때 날은 이미 어두워졌습니다. 집으로 돌아가는 길에 갑자기 채소 사는 일이 생각났지만 상점은 이미 문을 닫았습니다. 할 수 없이 저는 빈손으로 집으로 돌아갔습니다.

　　책을 읽는 것은 제 가장 큰 취미입니다. 책을 읽으면 지식을 쌓을 수 있고, 견문을 넓힐 수도 있고, 게다가 많은 도리를 알게 해 줍니다. 책은 나의 영원한 선생이며 절친한 친구입니다.

해설

취미를 소개하는 문제는 평소에도 많이 연습했던 문제이지만, 막상 시험을 칠 때 1.5분 동안 말을 하려면 할 말이 그렇게 많지 않다. 이럴 때 문제와 관련된 에피소드를 얘기하는 것이 아주 좋은 방법이다.

신HSK 회화 초급 공략
실전 모의고사
6회 정답 및 해설

第 1−15题：听后重复

1.　　放在桌子上吧。

2.　　我没有现金。

3.　　外边下雨了。

4.　　你自己去吧。

5.　　他一米八零。

6.　　从北京到天津大概要一个小时。

7.　　我妹妹没结婚。

8.　　我们回家吃饭吧。

9.　　我不抽烟。

10.　　他打乒乓球打得非常好。

11.　　我每天工作八个小时。

12.　　这不是我的词典。

13.　　我想学开车。

14.　　欢迎你来韩国玩儿。

15.　　已经十二点了。

1. 테이블 위에 놓으세요.
해설 '~에 놓으세요' 란 표현은 '放在 + 장소' 의 형식을 취해야 한다.

2. 저는 현금이 없는데요.
해설 '有' 의 부정은 '没有' 이다.

3. 밖에 비가 왔네요. / 밖에 비가 오네요.
해설 '外边下雨了' 은 조금 예외적인 예인데, 상기의 두 가지 뜻이 있다는 걸 기억해 두길 바란다.

4. 당신 혼자 가세요.
해설 '吧' 은 문장의 맨 끝에 쓰여, 상의·제의·청유·기대·명령 등의 어기를 나타낸다.

5. 그는 키가 180센티미터입니다.
해설 여기서 술어는 '一米八零' 이다. 이와 같이 술어가 수량사일 경우 '是' 를 쓰면 안 된다.

6. 베이징에서 텐진까지 약 한 시간 걸립니다.
해설 '从~到~' 은 '~에서 ~까지' 란 뜻으로 시간이나 거리를 모두 나타낼 수 있다.

7. 제 여동생은 결혼을 하지 않았습니다.
해설 '结婚了' 의 부정은 '没结婚' 이다. 이 문장에서 '了' 가 없다는 걸 꼭 기어해 두길 바란다.

8. 우리 집에 가서 식사합시다.
해설 한 문장에서 두 개 이상의 동사가 있을 경우, 먼저 발생한 동작을 앞에 놓는다.

9. 저는 담배를 피지 않습니다.
해설 '不抽烟' 은 '담배를 피우지 않는다' 란 뜻이고, '没抽烟' 은 '담배를 피우지 않았다' 란 뜻이다.

10. 그는 탁구를 아주 잘 칩니다.
해설 정도보어의 형식은 '(동사 + 목적어+)동사 + 得 + 정도보어' 이다.

11. 저는 매일 8시간 근무합니다.
해설 구체적인 시간의 길이를 나타낼 때는 '小时' 를 써야 하며 '时间' 을 쓰면 안 된다.

12. 이것은 제 사전이 아닙니다.
해설 '是' 의 부정은 '不是' 이다.

13. 저는 운전을 배우고 싶습니다.
해설 '想' 은 조동사이기 때문에 일반동사 '学' 앞에 쓰인 것이다.

14. 한국에 놀러오시는 것을 환영합니다.
해설 오는 동작이 먼저 발행하기 때문에 '来' 가 '玩儿' 앞에 쓰인 것이다.

15. 이미 12시가 되었습니다.
해설 여기서 '了' 는 '~되었다' 란 뜻으로 변화를 나타낸다.

第 16—25题: 听后回答

16. 你的拿手菜是什么?

17. 明天你几点去机场?

18. 你对什么感兴趣?

19. 你家附近交通怎么样?

20. 你搬过几次家?

21. 你是在哪儿学习汉语的?

22. 你吃得了吗?

23. 你喜欢穿什么样的衣服?

24. 你手里拿着什么东西?

25. 我可以借用一下你的手机吗?

16. 당신이 가장 잘하는 요리는 무엇입니까?
17. 내일 몇 시에 공항 가십니까?
18. 당신은 무엇에 대해 흥미가 있습니까?
19. 당신 집 근처의 교통은 어떻습니까?
20. 당신은 이사를 몇 번 했었습니까?

21. 당신은 어디에서 중국어를 배우셨습니까?
22. 다 드실 수 있습니까?
23. 어떤 옷을 입기 좋아합니까?
24. 손에 무엇을 들고 있습니까?
25. 당신의 핸드폰을 좀 빌려 쓸 수 있습니까?

16.	我的拿手菜是糖醋肉。
해설	'拿手+명사' 의 형식은 '자신있는~' 란 뜻을 나타낸다. 예컨대 '拿手歌, 잘하는 노래'

17.	明天下午两点去机场。
해설	'几' 를 사용한 의문문은 '几' 에 해당되는 단어로 대체하여 대답하면 된다.

18.	我对书法感兴趣。
해설	'对~感兴趣?' 은 '~에 관심이 있습니까?' 란 뜻이며, 긍정형 대답은 '对~感兴趣' 이다.

19.	我家附近交通非常方便。
해설	'怎么样' 를 사용한 의문문은 '怎么样' 에 해당되는 단어로 대체하여 대답하면 된다.

20.	我搬过一次家。
해설	'동사 + 过 + 수사 + 동작의 횟수 + 목적어' 은 '~을 ~번 해본 적이 있다' 란 뜻을 나타낸다.

21.	我是在网上学习汉语的。
해설	'了' 는 과거 동작의 완료만 나타낼 수 있고, 그 동작이 발생한 시간·장소·행위의 방식 등은 '是……的' 구문으로 표현해야 한다. 예컨대 '새 옷을 샀습니다' 라는 표현은 '我买新衣服了' 라고 하면 되고, 언제·어디에서·어떻게·얼마를 주고·누구와 함께 샀는지 등 표현은 '是……的' 구문을 사용해야 한다.

22.	好像吃不了。
해설	'동사 + 得了' 은 '~할 수 있다' 란 뜻이고, '동사 + 不了' 는 '~할 수 없다' 란 뜻이다.

23.	我喜欢穿休闲装。
해설	'什么样' 를 사용한 의문문은 '什么样' 에 해당되는 단어로 대체하여 대답하면 된다.

24.	我手里拿着铅笔。
해설	'동사 + 着' 은 어떤 동작이 계속하여 지속되고 있음을 나타낸다.

25.	当然可以，你用吧。
해설	'可以~吗?' 형식의 의문문에 대한 긍정형 대답은 '可以' 이고, 부정은 '不可以/不行' 이다.

해석

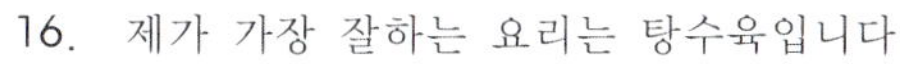

16. 제가 가장 잘하는 요리는 탕수육입니다.
17. 내일 오후 2시에 공항 갑니다.
18. 저는 서예에 관심이 있습니다.
19. 저희 집 근처는 교통이 아주 편리합니다.
20. 저는 이사를 한 번 한 적이 있습니다.

21. 저는 인터넷에서 중국어를 배웠습니다.
22. 다 먹을 수 없을 것 같아요.
23. 저는 캐주얼을 입기 좋아합니다.
24. 손에 연필을 들고 있습니다.
25. 당연히 되죠, 쓰세요.

第 26-27题: 回答问题

26

Yì nián sìjì nǐ zuì xǐhuan nǎ ge jìjié? Wèishénme?
一 年 四季 你 最 喜欢 哪 个 季节? 为什么? (1.5分钟)
일년 4계절 중 당신이 가장 좋아하는 계절은 어떤 계절입니까? 그 이유는?

참고 답안

　　春天天气忽冷忽热，很容易感冒，秋天呢，给人一种凄凉的感觉，而冬天又太冷，活动有点儿不太方便，所以我还是比较喜欢夏天。我喜欢夏天的阳光，喜欢太阳直射皮肤的感觉，也喜欢夏天缤纷的色彩，最重要的是夏天可以穿好多好看的衣服，可以穿很紧的裤子，可以穿短裤，可以戴大墨镜。尤其是每年夏天的休假，不仅带给我无穷的快乐和美好的回忆，而且还可以忘掉一切烦恼，暂时进入自我陶醉的状态。

어휘

忽冷忽热 hūlěnghūrè 갑자기 추웠다 더웠다 하다 | 凄凉 qīliáng 처량하다 | 感觉 gǎnjué 느낌 | 活动 huódòng 활동 | 阳光 yángguāng 햇빛 | 太阳 tàiyáng 햇빛, 일광 | 直射 zhíshè 바로 쏘다, 직사하다 | 紧 jǐn 꼭 끼다 | 短裤 duǎnkù 반바지 | 戴 dài 쓰다, 끼다 | 墨镜 mòjìng 선글라스 | 尤其 yóuqí 특히 | 休假 xiūjià 휴가 | 无穷 wúqióng 무궁하다 | 美好 měihǎo 아름답다 | 回忆 huíyì 추억 | 忘掉 wàngdiào 잊어버리다 | 烦恼 fánnǎo 걱정하다 | 暂时 zànshí 잠깐, 잠시 | 自我陶醉 zìwǒtáozuì 자기도취에 빠지다 | 状态 zhuàngtài 상태

번역

　　봄에는 날씨가 갑자기 추웠다 더웠다 하기 때문에 감기에 걸리기 쉽습니다. 가을의 경우, 사람들에게 처량하고 감상적인 느낌을 주고, 겨울의 경우 추울 뿐만 아니라, 활동하기에 불편하기도 하지요. 그래서 저는 여름을 비교적 좋아합니다. 여름의 햇살과 따사로운 햇살이 피부에 직접 닿는 느낌을 좋아합니다. 또한 여름의 화사하고 다채로운 색깔을 좋아하기도 합니다. 가장 중요한 것은 여름에는 예쁜 옷들을 많이 입을 수 있다는 점입니다. 타이트한 옷이나 짧은 반바지를 입을 수 있고, 커다란 선글라스를 쓸 수도 있지요. 특히 매년 여름휴가는 저에게 많은 즐거움과 아름다운 추억을 안겨줄 뿐만 아니라 모든 고민들을 잊어버릴 수 있고, 잠시나마 자아도취의 상태에 빠질 수도 있습니다.

해설

몇 가지 상황의 장단점을 이야기할 때 'A… B呢… 而C… 所以我还是比较喜欢D, A은…하고 B는…하고 C는……하기 때문에 나는 D를 비교적 좋아 한다' 의 문형을 이용하면 된다. 이러한 문형을 이용하여 여러 가지 상황을 설명할 수 있다. 예컨대
我觉得打网球太累，乒乓球呢，又太难，而游泳又得换衣服，非常麻烦，所以我还是比较喜欢跑步。
테니스는 너무 힘들고, 탁구는 너무 어렵고, 수영은 옷을 갈아입어야 하기 때문에 너무 번거로운 것 같다. 그래서 나는 역시 달리기가 비교적 좋은 것 같다.

27

Nǐ juéde kàn diànshì háochu duō háishi huàichu duō?
你 觉得 看 电视 好处 多 还是 坏处 多? (1.5分钟)
당신은 TV시청의 좋은 점과 나쁜 점 중 어떤 것이 더 많다고 생각합니까?

참고 답안

我认为看电视好处多，看电视可以开阔我们的眼界，增长我们的知识。通过看电视我们可以获得历史、地理、生活、科学等方面的知识。比如我，就比较喜欢看一些科学探秘方面的节目，从中学到了许多书本上没有的知识。有人说看电视会引起近视，这是由于长时间近距离看电视造成的，只要我们保持一定的距离，有节制地看电视，不仅能增长知识，还能消除疲劳。所以，我认为看电视的好处比坏处多，但一定要有节制地、有选择地看电视。

어휘

认为 rènwéi 여기다 | 好处 hǎochu 이점 | 坏处 huàichu 나쁜 점 | 开阔 kāikuò 넓히다 | 眼界 yǎnjiè 견문 | 增长 zēngzhǎng 증가하다 | 知识 zhīshi 지식 | 通过 tōngguò …를 통해 | 获得 huòdé 얻다 | 地理 dìlǐ 지리 | 历史 lìshǐ 역사 | 科学 kēxué 과학 | 方面 fāngmiàn 방면 | 比如 bǐrú 예를 들어 | 探秘 tànmì 비밀을 캐내다 | 节目 jiémù 프로그램 | 从中 cóngzhōng 그 가운데서 | 许多 xǔduō 매우 많다 | 引起 yǐnqǐ 불러 일으키다 | 近视 jìnshì 근시 | 造成 zàochéng 조성하다 | 只要 zhǐyào …하기만 하면 | 保持 bǎochí 유지하다 | 消除 xiāochú 해소하다 | 疲劳 píláo 피로하다 | 选择 xuǎnzé 선택하다

번역

저는 TV를 시청하는 것이 좋은 점이 더 많다고 생각합니다. TV를 시청하면 자신의 견문을 더 넓힐 수 있고, 지식도 많이 얻을 수 있습니다. TV를 통해 우리는 역사, 지리, 생활, 과학 등 다방면의 지식을 얻을 수 있습니다. 제 경우 과학탐구 프로그램을 시청하기 좋아하는데, 이를 통해 저는 책에서 배울 수 없는 많은 지식들을 얻을 수 있었습니다. 어떤 사람들은 TV시청으로 인해 근시를 유발할 수 있다고 하나, 이는 TV를 장시간 동안 가까운 거리에서 봄으로써 초래된 것이므로, 일정한 시청거리를 유지하고 절제하면서 TV를 시청하면 지식을 얻을 수 있을 뿐만 아니라, 하루의 피로를 풀어줄 수도 있습니다. 그러므로 저는 TV시청의 좋은 점이 나쁜 점에 비해 더 많다고 생각합니다. 그러나 절제하면서 선택적인 TV 시청이 반드시 필요하다고 생각합니다.

해설

조금 어려운 문제일 경우, 예를 들거나 다른 사람의 관점을 이야기 하는 것도 좋은 방법이다. 그러나 어떤 이야기든 본론과 상반되면 안 된다. 따라서 준비시간을 충분히 활용하여 꼼꼼히 검토한 다음 녹음해야 한다.